Le défi
de l'autodétermination africaine

Questions contemporaines
Collection dirigée par B. Péquignot, D. Rolland et Jean-Paul Chagnollaud

Chômage, exclusion, globalisation… Jamais les « questions contemporaines » n'ont été aussi nombreuses et aussi complexes à appréhender. Le pari de la collection « Questions contemporaines » est d'offrir un espace de réflexion et de débat à tous ceux, chercheurs, militants ou praticiens, qui osent penser autrement, exprimer des idées neuves et ouvrir de nouvelles pistes à la réflexion collective.

Dernières parutions

Jean-François KESLER, *Institutions et politique française*, 2017.
Hubert MORELLE, *La décolonisation de l'Empire russe (1992 – 2016) Mythe ou réalité ?*, 2017
Hubert MORELLE, *De la Russie à l'URSS, Edification et écroulement de l'Empire russe (878 – 1991)*, 2017
Robert BIBEAU, *Question nationale et révolution prolétarienne sous l'impérialisme moderne,* 2017
Gilbert ELBAZ (coord.), *De la sexualité aux sexualités*, 2017.
Laurent TERTRAIS, *Politique du travail, L'emploi, c'est maintenant !*, 2017.
Michel BOURSE, *Les mots et les idées : l'interculturel et/ou le multiculturel, Essai,* 2017
Alexandre BAUMANN, *Les inégalités hommes-femmes en question, Entre choix, éducation et rationalité,* 2017
Frédéric GOBERT, *L'école flottante*, 2017.
Max MEMMI, *Cette France que nous aimons*, 2016.
Louise FINES, *Géographies policières. Ignorance concertée et propagande ennemie*, 2016.
Alain RENAUD, *La France, un destin*, 2016.
J. Fidel CORCUERA, Antonio GASPAR, Mónica DJIAN, Javier VICENTE et Chesús BERNAL (Coord.), *Les discours politiques. Regards croisés*, 2016.
Nathalie DROAL, *Emploi. Le Royaume-Uni, un modèle pour la France ?,* 2016.

Ado-Dieumerci BONYANGA BOKELE

Le défi de l'autodétermination africaine

Problème d'organisation

L'Harmattan

Du même auteur
dans la même collection

Emancipation et révolution biologique selon Habermas. Une réflexion critique sur le pouvoir du savoir scientifique, 2015.

5-7, rue de l'Ecole-Polytechnique, 75005 Paris

http://www.harmattan.fr
ISBN : 978-2-343-11060-8
EAN : 9782343110608

« [...] faire comprendre aux masses que tout dépend d'elles, que si nous stagnons c'est de leur faute, et que si nous avançons c'est aussi de leur faute, qu'il n'y a pas de démiurge, qu'il n'y a pas d'homme illustre responsable de tout, mais que le démiurge c'est le peuple et que les mains magiciennes ne sont en définitive que les mains du peuple » (Franz Fanon)

A la jeunesse africaine,
dont les espoirs sont souvent déçus.
Pour qu'elle ne se lasse pas de s'organiser
en vue de créer les justes conditions de l'Etat de droit démocratique.

Je dédie ce livre.

Préface

Le présent ouvrage fait suite à notre première publication de l'automne 2015, *Emancipation et révolution biologique selon Habermas.* Le sous-titre, « Une réflexion critique sur le pouvoir du savoir scientifique », visait particulièrement à rendre compte de l'ambivalence de la techno-science dans la dynamique du développement sociétal. D'un côté, point de doute, la science moderne constitue un incontournable de l'humanité dans la mesure où elle contribue à la libération et à l'émancipation de l'homme. De l'autre côté, l'alliance historique entre science, technique et économie capitaliste ne contribue pas moins à la domination et à l'aliénation de l'homme.

A titre d'exemple, s'il est vrai que les progrès actuels des sciences et des techniques du vivant – les biosciences et les biotechnologies – permettent de comprendre de mieux en mieux les mécanismes qui se situent à la base de la constitution et du fonctionnement de tout organisme vivant, y compris l'espèce humaine, on ne négligera pas le fait que la possibilité désormais offerte de procéder à des manipulations techniques du vivant constitue un enjeu éthique majeur. Outre la guérison ou la réparation nécessaire des anomalies, la visée perfectionniste ou mélioriste de l'humanisme technologique ne manque pas de susciter de vives discussions dans le monde des théoriciens de l'avenir de l'humanité. Voulons-nous vivre dans un monde où l'on procéderait à la technicisation marchande du corps de l'homme ?

Quoi qu'il en soit, notre problème philosophique de base était celui de réfléchir sur les conditions fondamentales de libération et d'émancipation de l'homme dans le monde. Il s'est avéré que, parmi ces conditions, le développement du savoir scientifique était absolument nécessaire. Car, comme l'a expliqué Jürgen Habermas, le triple intérêt de la connaissance scientifique est libérateur. Dans le domaine des sciences naturelles, ou les sciences empirico-analytiques, comme la physique, les hommes s'approprient l'intérêt technique de la connaissance scientifique qui vise la maîtrise des objets et de l'environnement extérieur à l'homme. Dans le domaine des sciences humaines et sociales, ou les sciences historico-herméneutiques, les hommes s'accordent à l'intérêt pratique qu'ils ont à fonder des relations interpersonnelles destinées au maintien de l'intercompréhension et de l'intersubjectivité sociale. Enfin, dans le domaine des sciences critiques comme la philosophie, ceux qui s'y adonnent se rendent compte de l'intérêt émancipatoire qu'ils ont à se libérer, par la réflexion critique, non seulement des préjugés, illusions et auto-illusions établis dans leur *monde vécu* socio-culturel, mais aussi des structures oppressantes de leur système social et politique.

Quelle que soit la validité philosophique de cette théorie des intérêts de la connaissance, la question de la libération humaine, disons mieux de l'autodétermination, mérite d'autres approfondissements, en raison de son irréductible complexité. Car, nous devons le dire et le répéter, les êtres humains ne sont pas que des machines intelligentes. Ils sont avant tout des êtres vivants, des sujets affectifs dont les besoins ne cessent de conditionner leurs modes de pensée et d'action. C'est le cas pour la majorité des peuples africains où malgré le développement des connaissances philosophiques et scientifico-technologiques, la crise économique ne contribue pas moins à rendre douteux l'espoir de libération et d'autodétermination que rendaient possible la décolonisation et l'accession aux indépendances nationales.

Paradoxalement, plus l'on a formé des diplômés dans diverses disciplines scientifiques et technologiques, moins l'Afrique réalise des performances en matière de développement communautaire. Plus on a des ingénieurs, des médecins, des politologues, des moralistes, etc., plus on a des ponts et chaussées dégradés, des épidémies non maîtrisées, des institutions socio-politiques injustes, la corruption sous toutes ses formes, etc.

Autant ces paradoxes montrent que le vrai problème du développement est avant tout celui de l'homme, tel qu'il se comprend et entend mener sa vie, individuellement et collectivement, autant le projet fondamental de ce livre consiste à éveiller les consciences des peuples africains, des jeunes en particulier, fiers de leur identité africaine, afin qu'ils comprennent que le retard de leur Continent n'est pas une fatalité. L'Afrique noire ne souffre d'aucun mauvais sort qui lui serait jeté par je ne sais quel Destin. « *Non, l'Afrique noire n'est pas maudite* ! » (Jacques Som).

Je tiens donc à faire mienne l'exhortation de Franz Fanon qui pensait à juste titre que le devoir des intellectuels africains était de « faire comprendre aux masses que tout dépend d'elles, que si nous stagnons c'est de leur faute, et que si nous avançons c'est aussi de leur faute, qu'il n'y a pas de démiurge, qu'il n'y a pas d'homme illustre responsable de tout, mais que le démiurge c'est le peuple et que les mains magiciennes ne sont en définitive que les mains du peuple ».

A mon avis, la stratégie principale de libération du Continent est l'*organisation.* Cela veut dire qu'au-delà de la logique formelle de l'action rationnelle en vue des fins utiles ou pratiques, il importe de fonder avant tout les interactions sociales sur des valeurs fondamentalement humaines et libératrices comme la vérité, la justice et la sincérité. C'est à la démocratisation de ces valeurs que ce travail conduit en quelque sorte. Car, nous ne devons pas nous voiler la face, quelle que soit la rationalité des acteurs sociaux, les interactions humaines sont souvent menacées par les conflits d'intérêts et les rapports de force. Les discours moralisants ayant démontré leurs limites, il faut montrer que l'appel à la révolution mentale et à la démocratisation sociale est un autre discours rationnellement fondé et universellement valable.

Pour la finalisation de ce travail, nous avons bénéficié du concours très important de nos amis qui ont volontairement consacré leur temps à la lecture minutieuse de nos manuscrits afin de les rendre plus lisibles. Qu'ils en soient très sincèrement remerciés : les abbés Don-Jean Belambo, Claude Nsala, Roger Dewalque, Justin Etotshi, Jean-Bosco Mbolo, Godefroid Bokele et la Sr Marie-Louise Kitoto. Nous pensons également à tous nos paroissiens et paroissiennes d'Athus pour leur amitié, à l'abbé Raymond Rollin et à Madame Andrée Nothomb pour leur soutien à notre projet de développement local au Congo, sans oublier tous ceux qui nous sont chers et plus proches en terre de mission en Belgique : l'abbé Léon Iyenga, Nicole et Guy Michaux, etc.

Athus, le 19 février 2017
ADM. B

Introduction

Pour la majorité des pays africains, la première décennie de ce troisième millénaire a été marquée par la célébration de leurs 50 ans d'indépendance nationale. Quel en fut le bilan ? En un mot, le bilan fut mitigé parce que malgré les maintes affirmations de leur souveraineté nationale, la quasi-totalité des pays africains peinent à se prendre en charge, à s'affirmer *vraiment* comme des peuples indépendants. D'où la simple question suivante, apparemment ironique : « Que serait l'Afrique noire postindépendance sans l'aide étrangère, communément appelée l'*aide au développement* ? »

Il est certes fâcheux et même réducteur de présenter de cette façon la condition de l'Afrique noire aujourd'hui. Mais c'est justement parce qu'il y a des signes de souffrance et de misère qui ne trompent pas. Comme le diraient certains humoristes, l'Afrique noire vit sous perfusion. D'autres diront de manière un peu plus dramatique que l'homme en Afrique ne vit pas, mais il survit, par miracle ou par la grâce… de Dieu.

Parlons très sérieusement ! A en croire le professeur Akenda, de l'Université Catholique de Kinshasa, l'Afrique noire se présente comme un continent sinistré dans lequel se trouvent vingt-cinq pays les plus défavorisés de la planète, où l'on vit, parfois sur base du tribalisme et du «géopolitisme», les conflits les plus meurtriers (Libéria, Rwanda, Angola, Somalie, etc.), où tous les processus de démocratisation semblent déboucher sur un chaos institutionnalisé, marqués par le pillage, le vandalisme, le vol et le viol, la dégradation du système éducatif et de la formation universitaire, l'analphabétisme et la misère totale. Et de conclure avec un brin de fatalisme : « Nous assistons impuissants à l'agonie de la morale dans l'âme de l'homme noir et peut-être dans celle de l'homme contemporain »[1].

La suspicion vis-à-vis de l'homme Noir ne date pas d'aujourd'hui. Elle constitue d'ailleurs le thème très prisé de l'afropessimisme, autrement dit « la proposition selon laquelle les raisons du "retard" du continent sur le reste du monde sont à chercher dans la culture, la vision du monde des Africains, dès lors, croit-on pouvoir affirmer, que les différentes recettes économiques se sont avérées inefficaces chez eux : quelque chose de l'africanité constituerait, ultimement, un véritable "refus" du développement »[2]. Je pense que l'auteur de cette définition a en tête le titre bien connu de l'ouvrage d'Axelle Kabou, *Et si l'Afrique refusait le développement ?* Dans le même ordre de réflexion, on peut retrouver entre les lignes d'autres types d'afropessimisme, radical ou modéré, en lisant les ouvrages tels que : *L'Afrique noire est mal partie* (René Dumont, 1962), *L'Afrique noire est-elle maudite ?* (Moussa Konaté 2010), *Non, l'Afrique noire n'est pas maudite !* (Jacques Som, 2015), *L'Afrique : un géant qui refuse de naître. La solution, c'est de tout reprendre à zéro* (René N'Guetta Kouassi, 2015), *La faim sans fin en Afrique* (Cléophas Nketo, 2015), etc.

Au rang des coryphées de l'afropessimisme, le vingt-et-unième siècle n'oubliera pas le nom de l'ex-président français, Nicolas Sarkozy qui, en juillet 2007, déclarera à l'Université Cheikh Anta Diop de Dakar que « *le drame*

---

[1] J-C. AKENDA KAPUMBA, « Identité culturelle africaine et universalisme éthique. Tâches pratiques d'une philosophie de la culture africaine », in *Philosophie africaine. Bilan et perspectives*, Kinshasa, FCK, 2002, p. 163.

[2] S. BACHIR DIAGNE, *L'encre des savants. Réflexions sur la philosophie en Afrique,* Paris, Présence Africaine, 2013, p. 54-55.

de l'Afrique, c'est que l'homme africain n'est pas assez entré dans l'histoire »[3]. Préjugé ou vérité historique, cette déclaration officielle du chef de l'Etat français, sur le sol africain, n'avait pas manqué de susciter une très vive polémique dans les milieux intellectuels d'Afrique et d'ailleurs.

Dans leur ouvrage collectif consacré à cette polémique, les auteurs de *L'Afrique répond à Sarkozy. Contre le discours de Dakar* s'attaquent au négationnisme anthropologique sous-jacent de la déclaration de l'ancien président français qui, à la manière de Hegel et de Jules Ferry, n'hésita pas à mettre en doute, indirectement, la capacité d'autodétermination des peuples noirs d'Afrique.

Rappelons-nous que Hegel, l'un des plus grands penseurs modernes allemands, profitant de sa grande notoriété intellectuelle, s'était impliqué au temps fort de la colonisation à dénier l'humanité de l'homme africain et, par conséquent, à légitimer son asservissement. Car, d'après le philosophe allemand, l'homme noir était irréductiblement dominé par les passions, figé dans l'immédiateté de l'existence concrète, bref l'homme à l'état brut[4].

Toutes choses égales par ailleurs, les propos de Sarkozy n'étaient pas très éloignés de la vision hégélienne, surtout lorsqu'il déclara : « Le paysan africain, qui depuis des millénaires, vit avec les saisons, dont l'idéal de vie est d'être en harmonie avec la nature, ne connaît que l'éternel recommencement du temps rythmé par la répétition sans fin des mêmes gestes et des mêmes paroles. Dans cet imaginaire où tout recommence

---

[3] Cf. N. SARKOZY, « Discours de Dakar », Université de Dakar, le 26 juillet 2007, in www.wikipedia.com) ; cité par MOUSSA KONATE, *L'Afrique noire est-elle maudite ?,* Paris, Fayard, 2010, p. 27.

[4] Cf. HEGEL, *La raison dans l'histoire*, Paris, 10/18, 1997, p. 251.

toujours, il n’y a de place ni pour l’aventure humaine, ni pour l’idée de progrès. Dans cet univers où la nature commande tout, l’homme échappe à l’angoisse de l’Histoire qui tenaille l’homme moderne, mais l’homme reste immobile au milieu d’un ordre immuable où tout semble être écrit d’avance. Jamais l’homme ne s’élance vers l’avenir. Jamais il ne lui revient à l’idée de sortir de la répétition pour s’inventer un destin ». Et de renchérir : « Le problème de l'Afrique et permettez à un ami de l'Afrique de le dire, il est là. Le défi de l'Afrique, c'est d'entrer davantage dans l'histoire. C'est de puiser en elle l'énergie, la force, l'envie, la volonté d'écouter et d'épouser sa propre histoire. Le problème de l'Afrique, c'est de cesser de toujours répéter, de toujours ressasser, de se libérer du mythe de l'éternel retour, c'est de prendre conscience que l'âge d'or qu'elle ne cesse de regretter, ne reviendra pas pour la raison qu'il n'a jamais existé. Le problème de l'Afrique, c'est qu'elle vit trop le présent dans la nostalgie du paradis perdu de l'enfance »[5].

D’un point de vue politique, ce qui posera problème dans le discours du président de la République de France, ce n’est pas seulement le déficit de courtoisie que beaucoup lui reprochèrent, mais surtout sa justification implicite des bienfaits de la colonisation. Rappelons-nous aussi qu’en son temps, Jules Ferry, ancien homme politique français de droite, ne cacha pas son estime pour la colonisation. C’est ce qu’il avait laissé comprendre dans son discours polémique de juillet 1885, quelques mois seulement après la Conférence de Berlin qui vit l’Afrique partagée comme un gâteau entre les puissances occidentales. Devant la Chambre des députés français, il déclara : « Est-ce que vous pouvez nier, est-ce que quelqu'un peut nier qu'il y a plus de justice, plus d'ordre

[5] Cf. N. SARKOZY, cité par MOUSSA KONATE, *op. cit.*, p. 27-28.

matériel et moral, plus d'équité, plus de vertus sociales dans l'Afrique du Nord depuis que la France a fait sa conquête ? Quand nous sommes allés à Alger pour détruire la piraterie, et assurer la liberté du commerce dans la Méditerranée, est-ce que nous faisions œuvre de forbans, de conquérants, de dévastateurs ? Est-il possible de nier que, dans l'Inde, et malgré les épisodes douloureux qui se rencontrent dans l'histoire de cette conquête, il y a aujourd'hui infiniment plus de justice, plus de lumière, d'ordre, de vertus publiques et privées depuis la conquête anglaise qu'auparavant ? »[6].

De la même manière, déployant une autre forme de style oratoire, Nicolas Sarkozy organisera savamment sa rhétorique de façon à prouver à ses interlocuteurs que les fautes de la colonisation ne furent pas toutes désastreuses, comparativement aux atrocités de toutes sortes que connaît l'Afrique noire depuis sa décolonisation. Ecoutons son argumentation logiquement défendable : « La colonisation n'est pas responsable de toutes les difficultés actuelles de l'Afrique. Elle n'est pas responsable des guerres sanglantes que se font les Africains entre eux. Elle n'est pas responsable des génocides. Elle n'est pas responsable des dictateurs. Elle n'est pas responsable du fanatisme. Elle n'est pas responsable de la corruption, de la prévarication. Elle n'est pas responsable des gaspillages et de la pollution ».

Pour ne citer qu'une des réactions parmi tant d'autres contenues dans *L'Afrique répond à Sarkozy*, Makhily Gassama reconnaît d'entrée de jeu que les Africains ont effectivement leur part de responsabilité dans la misère que subissent leurs populations, des indépendances à nos jours. Serait-ce un prétexte pour ignorer la participation de

---

[6] Cf. J. FERRY, « Le devoir de civiliser » (Discours du 28 juillet 1885), in *Des discours qui ont marqué l'histoire incarnés par des figures d'exception*, Paris, Ed. Points, 2010, p. 45.

l'homme africain à l'Histoire universelle ? «Certes, reconnaît-il, nous ne sommes pas innocents dans les souffrances que continuent d'endurer nos populations : guerres fratricides, violences, génocides, dictatures, corruptions, gaspillages de nos ressources, mal gouvernance, persistance du pacte colonial, etc. Cependant il est difficile de laisser passer des accusations, des propos d'une violence inattendue, adressés non aux tyrans d'Afrique, mais à l'"homme africain", à l'"homme noir", à la "race" »[7].

Qui plus est, l'intellectuel africain refuse de céder à l'idée que ce soit un non-Africain qui se permette de méconnaître les hauts faits et gestes de l'histoire des peuples africains, si ce n'est dans le seul but inavoué de légitimer des formes nouvelles de colonisation de l'Afrique à l'âge de la mondialisation économique et technologique : « Il importe de ressasser le passé puisque nous tenons à être maîtres de notre destin, à maîtriser le présent et à construire l'avenir, puisque les signes avant-coureurs d'une recolonisation de l'Afrique sont manifestes dans nos rapports avec l'Europe»[8]. Et de conclure : « Oui l'âge d'or, nous l'avons bel et bien connu, n'en déplaise aux révisionnistes et négationnistes de tous bords, n'en déplaise à ceux qui se sont éreintés, au cours des siècles, à démontrer maladroitement et ridiculement le contraire, à vouloir ébranler, par des moyens artificiels, les fondements authentiques de l'histoire de l'homme, dans la seule préoccupation effrénée, hargneuse de maintenir le nègre sous la domination des autres groupes ethniques ! L'âge d'or, chez nous a existé. Ce n'est pas un mythe. C'est scientifiquement prouvé. Il suffit de renvoyer le

---

[7] MAKHILY GASSAMA, « Avant-propos », in *L'Afrique répond à Sarkozy. Contre le discours de Dakar,* Paris, Ed. Philippe Rey, 2008, p. 11-12.

[8] IDEM, « Le piège infernal », *Ibid.,* p. 15.

lecteur aux œuvres de Cheikh Anta Diop, à celles de Théophile Obenga et à celles de bien d'autres chercheurs d'Afrique et d'ailleurs »[9].

Sur le plan strictement humain, nous devons certes saluer la légitimité de ce débat qui a eu pour intérêt de sauver la dignité de l'homme africain à l'échelle du monde. Mais que la rhétorique ne nous bouche pas la vue. N'y a-t-il pas d'autres penseurs originaires d'Afrique et conscients d'être africains qui ont eu à stigmatiser en quelque sorte l'inertie de l'homme africain, ou tout simplement à récuser quelque chose d'africanité dans le retard du développement de l'Afrique ? Que penserions-nous de l'affirmation suivante du philosophe congolais Ngimbi Nseka qui présente l'homme africain comme vivant encore hors de la culture scientifique et technologique moderne ? « [...] *Sur ce point,* dit-il, *l'Africain est privilégié, lui qui, vivant encore hors d'une culture scientifique moderne et de sa technologie iconoclaste, n'a pas encore brisé les liens ombilicaux avec la nature, avec l'univers des choses et des êtres* »[10].

Si l'on retirait cet énoncé de son contexte, on serait tenté de conclure facilement que l'auteur avait carrément dénié la capacité de progrès de l'homme africain, lequel progrès se trouve incontestablement lié aujourd'hui au développement des sciences et des techniques modernes. Mais, tout bien considéré, l'auteur voulait plutôt louer la dimension métaphysique de l'*être-avec* de l'homme en Afrique comme ouverture et participation à la vie de tous les autres êtres de la nature. C'est ce qu'il précise d'ailleurs dans la suite de son texte : « Cela peut être une cause de faiblesse si l'on pense aux sociétés où l'homme

---

[9] *Ibid.*, p. 23.

[10] NGIMBI NSEKA, « Philosophie et religion en Afrique », in *Philosophie africaine. Bilan et perspectives*, p. 185. C'est nous qui soulignons la phrase.

s'efforce de dominer la nature et de la vaincre. Mais cela est aussi et surtout une force, dans la mesure où ″cette appartenance à la nature″, cette ″sympathie de l'homme et de la nature″, ″cette communion constante de l'homme et de ses environs″ donnent à l'Africain une vision plus vaste, un sentiment plus large que l'intérêt pour l'humanité seule, où tant de philosophes ont enfermé l'homme de la civilisation technoscientifique. La participation africaine est une fraternité avec le monde, dont ailleurs on a perdu jusqu'à la conception »[11].

Quoi qu'il en soit, le retard de l'Afrique noire en matière de développement économique et politique constitue un véritable sujet de réflexion et de questionnement permanent. Comment expliquer qu'en dépit des ressources naturelles et humaines innombrables que l'on reconnaît à l'Afrique, la majorité de ses peuples vivent en-dessous du seuil de pauvreté ? Telle est la réflexion principale que nous pouvons faire au sujet du paradoxe de l'Afrique tel que le sociologue congolais Emile Bongeli le dégage particulièrement en République Démocratique du Congo, pays réputé naturellement très riche, mais où malheureusement, « plus on a formé des médecins, plus on est malade ; plus on a formé des agronomes et vétérinaires, plus on importe des denrées alimentaires productibles localement; il en est de même des ingénieurs et des scientifiques dans tous les domaines, des juristes, des économistes, des financiers, des démographes, des politologues, des sociologues, des anthropologues, des psychologues, des pédagogues, des communicateurs, des internationalistes et consorts qui n'ont, tous, en rien, relevé les défis qui se posent dans leurs domaines respectifs »[12].

---

[11] *Ibid.*

[12] E. BONGELI, *Education en République Démocratique du Congo. Fabrique des cerveaux inutiles ?,* Paris, L'Harmattan, 2015, p. 11-12.

« *Que devons-nous faire ?* ». Telle est la question ordinaire, et pourtant très complexe, de l'auto-détermination africaine, dans le sens du projet initial qui fut celui de la lutte pour l'accession à la souveraineté nationale. Théoriquement, on peut dire qu'à la base de ce projet se situe l'idéal du progrès social tel que le premier président guinéen, Sékou Touré, l'avait affirmé dans son plaidoyer pour la décolonisation de l'Afrique, devant le président français Charles de Gaule, en 1958: « Le progrès est en effet une création continue, un développement ininterrompu vers le mieux, pour le meilleur. Etape par étape, les sociétés et les peuples élargissent et consolident leur droit au bonheur, leurs titres de dignité, et développent leur contribution au patrimoine économique et culturel du monde entier. L'Afrique noire n'est pas différente en cela de toute autre société ou de tout autre peuple. Selon nos voies propres, nous entendons nous acheminer vers notre bonheur et cela avec d'autant plus de volonté et de détermination que nous connaissons la longueur du chemin que nous avons à parcourir[13].

Pour réaliser ce projet d'autodétermination en rapport avec l'idéal du progrès social, le professeur Georges Ndumba, de la Faculté de philosophie de l'Université Catholique du Congo, avance de manière très intéressante l'idée de « l'émergence d'une conscience collective constructive », dont les conditions de possibilité sont données en termes des préalables : « les préalables épistémologiques d'une pensée créative, les préalables éthiques d'une solidarité qui recrée les liens existentiels, les préalables techno-scientifiques qui rendent possible la maîtrise des systèmes de production et les préalables

---

[13] Cf. SEKOU TOURE, « Nous préférons la liberté » (Discours du 25 août 1958), in *Des discours qui ont marqué l'histoire incarnés par des figures d'exception*, p. 25.

politiques qui garantissent la participation de tous à la gestion de l'espace commun de convivialité »[14].

En reprenant et en approfondissant l'idée de *l'émergence d'une conscience collective constructive*, nous nous proposons d'articuler la problématique du développement de l'Afrique noire, autrement dit le défi de l'autodétermination, sous la présupposition de la question anthropologique universelle suivante : « *Qui sommes-nous et qui voulons-nous être ?* ». C'est la question d'ailleurs que l'un des plus grands philosophes allemands, Jürgen Habermas, met au centre du débat sur l'avenir du genre humain (*Gattungsethik*). Il s'ensuit l'intérêt philosophique majeur que nous accordons à l'idée de l'*organisation,* en tant qu'elle sous-entend en même temps l'importance cruciale du savoir et du devoir dans le processus dialectique de l'auto-accomplissement de l'homme : « *Que devons-nous savoir ?* » et « *que devons-nous faire ?* », pour nous réaliser nous-mêmes, sans nécessairement l'aide extérieure ?

L'enjeu de la question est de taille. L'hypothèse principale qui sous-tend l'ensemble des réflexions contenues dans ce livre est la suivante : « *L'Afrique noire doit pouvoir s'organiser* ». En fait, il s'agit moins de l'organisation au sens élémentaire du terme, c'est-à-dire comme association des individus qui s'accordent à agir collectivement en vue de quelques fins utiles ou pratiques. Au niveau plus élevé de la réflexion, le problème de l'organisation dépasse le seul cadre du formalisme logique de la trilogie action-règle-fin. Le problème critique de l'organisation qui vise la réussite collective se situe au niveau des fondements qui gouvernent nos modes de pensée et d'agir individuels et collectifs. De ce point de vue, la question de l'organisation est d'ordre rationnel

---

[14] G. NDUMBA, « Afrocentrismes et interculturalité », in *Philosophie africaine. Bilan et perspectives*, p. 252.

et éthico-moral. Il s'agit de fonder et de re-fonder nos pensées et nos actions sur les valeurs universelles de base comme la recherche coopérative de la vérité, la justesse des lois et des institutions publiques ainsi que la sincérité des acteurs sociaux, à tous les niveaux de responsabilité publique. Ainsi donc, la question de l'organisation est un problème permanent de responsabilité à assumer et à résoudre dans le cadre des interactions sociales. D'où l'intérêt commun en faveur de la rationalisation des actions et des modes de vie dans le sens de la révolution mentale et de la constitution de l'Etat de droit démocratique.

Cinq chapitres nous aideront à articuler cette problématique.

Le premier chapitre sera une présentation sommaire de l'Afrique, axée sur ses contrastes d'ordre environnemental, historique et culturel, social et économico-politique.

Le deuxième chapitre examinera dans quelle mesure les mouvements philosophico-culturels comme la Négritude, le Panafricanisme, la philosophie bantoue selon P. Tempels et la philosophie africaine proprement dite ont contribué à la libération mentale et politique du peule africain.

Au troisième chapitre, même si cela pourrait paraître surprenant à la plupart de nos lecteurs, nous parlerons du développement de l'Afrique comme « idéologie ». Il ne sera nullement question de récuser le projet de libération inhérent au concept de développement, mais le fétichisme sous-jacent de ce projet lorsqu'il est concrètement motivé par la course effrénée au profit et au gain personnels. En en mot, c'est l'auto-enrichissement de quelques individus au détriment de la majorité croupissant dans la misère qu'il conviendrait de considérer comme « idéologie » du développement.

La première ébauche de solution à cette problématique du développement de l'Afrique noire sera amorcée au quatrième chapitre où nous discuterons des enjeux épistémologiques et socio-politiques de l'organisation des interactions sociales. Autrement dit, nous plaiderons en faveur du processus dialectique de rationalisation des actions et des modes de vie en société.

Le cinquième et dernier chapitre sera consacré au rapport absolument nécessaire qu'il importe d'établir entre autodétermination et autocompréhension des acteurs sociaux. Le but sera d'établir le lien de libération humaine qu'il y a entre connaissance et estime de soi, éducation et le savoir scientifique, travail et responsabilité historique.

Premier chapitre

L'Afrique et ses contrastes

De quoi parle-t-on lorsqu'on pense à l'Afrique ? D'un point de vue étymologique, certains auteurs affirment que le mot Afrique vient du latin « *Africus* » qui désignait chez les Romains le vent provenant de la région de Carthage, l'actuelle ville de Tunis, l'Afrique se limitant alors seulement à la partie nord du continent, à dominante arabo-berbère. Pour les autres, d'après Pline l'Ancien, l'Afrique concerne plutôt le sud du continent, à majorité noire, appelée *Ethiopie*, séparée par le fleuve Niger « Nigris ». Selon Isidore de Séville, Afrique vient du latin *aprica*, qui veut dire « ensoleillée, tandis que Léon l'Africain y voyait le « sans froid »[1].

Ce qui nous intéresse particulièrement, c'est de mettre en évidence l'Afrique dans sa diversité et surtout ses contrariétés par rapport à la problématique du développement. Nous nous limiterons aux trois visages remarquables de l'Afrique comme continent et ses contrastes environnementaux, comme culture et ses contrastes historiques, comme société et ses contrastes organisationnels.

[1] Cf. « Afrique », in www.wikipedia.com.

1.1. L'Afrique comme continent et ses contrastes environnementaux

L'Afrique est le troisième vaste continent du monde par sa superficie, soit 30 millions de km^2. Géopolitiquement, l'Afrique continentale est repartie entre plus ou moins cinq grandes régions : l'Afrique du Nord, l'Afrique centrale, l'Afrique australe, l'Afrique de l'Ouest et l'Afrique de l'Est[2]. L'Afrique continentale est séparée de l'Europe par la mer Méditerranée au nord, de l'Amérique par l'océan Atlantique à l'ouest, de l'Asie et de l'Océanie par le canal de Suez et la mer Rouge au nord-est et l'océan Indien au sud-est. En 2014, le contient africain représentait plus de 1,1 milliard d'habitants de la population mondiale.

A l'exception des extrémités nord et sud qui bénéficient d'un climat méditerranéen ou tempéré (des étés chauds et secs et des hivers doux et humides), le caractère climatique dominant de l'Afrique est la chaleur constante. Le désert du Sahara qui se situe en Afrique est non seulement le plus grand du continent, mais aussi et surtout le plus chaud du monde. Au nord et au sud de ce

---

[2] Le continent africain comprend 54 pays indépendants, répartis en cinq grandes régions, hormis la République Sahraouie et le Somaliland (2014) qui attendent leur autonomie juridique. L'*Afrique du Nord* (Algérie, Egypte, Lybie, Maroc, Soudan et Tunisie) ; l'*Afrique centrale* (Cameroun, République centrafricaine, République du Congo, République Démocratique du Congo, Gabon, Guinée équatoriale, Sao Tomé-et-Principe, Tchad ; l'*Afrique australe* (Afrique du Sud, Angola, Botswana, Comores, Lesotho, Madagascar, Malawi, Maurice, Mozambique, Namibie, Swaziland, Zambie, Zimbabwe) ;) l'*Afrique de l'Ouest* (Bénin, Burkina Faso, Cap-Vert, Côte d'Ivoire, Gambie, Ghana, Guinée, Guinée-Bissau, Libéria, Mali, Mauritanie, Niger, Nigeria, Sénégal, Sierra Leone, Togo) et l'*Afrique de l'Est* (Burundi, Djibouti, Erythrée, Ethiopie, Kenya, Ouganda, Rwanda, Seychelles, Somalie, Soudan du Sud, Tanzanie).

désert, il y a les régions hyperarides, arides et semi-arides de l'Afrique du Nord ainsi que les régions du Sahel qui forme une bande continue des savanes tropicales semi-arides. L'ensemble des régions chaudes du Sahara couvrent environ un tiers de la superficie totale du continent africain. De ce point de vue, les experts climatiques considèrent que l'un des problèmes majeurs qui menace la vie en Afrique est le « stress hydrique », autrement dit une insuffisance d'eau de qualité satisfaisante, pour pouvoir répondre aux besoins humains et environnementaux du continent.

Le phénomène de désertification, lié en grande partie au fait que les terres arides représentent 60% de la surface du continent, concerne en termes de sécurité alimentaire et de santé, jusqu'à 300 millions de personnes en Afrique. Certes, l'eau souterraine est abondante en Afrique, mais il s'y pose la difficulté de son exploitation. Ainsi donc, disent les mêmes spécialistes, l'Afrique est et restera encore dépendante de l'eau pluviale et de l'eau de surface dont l'exploitation est peu rationalisée. En conséquence, certains conflits dans le continent, parfois armés, tel celui du Darfour en 2003, auraient pour causes au moins partiellement liées à l'accès à l'eau ou, plus largement, aux changements climatiques[3]. L'ensemble de ces problèmes environnementaux, notamment la variabilité et les extrêmes climatiques, fait que l'Afrique est l'un des continents les plus fragiles et les plus en danger. D'après les prévisions, le changement climatique va progressivement menacer la croissance économique de l'Afrique et la sécurité alimentaire qui touche déjà des populations[4].

---

[3] Cfr. « Afrique - Traite infra-africaine et traite arabe », in www.wikipedia.com.

[4] *Ibid.*

Outre la désertification du continent, l'autre problème majeur qui menace gravement l'avenir de l'Afrique est celui de la déforestation. D'un côté, l'Afrique abrite le second plus grand massif forestier continu du monde, dont le bassin du Congo est une des plus grandes réserves forestières dans le monde. De l'autre côté, on assiste depuis quelques décennies à la régression de ses forêts. Certaines études montrent que cette régression des forêts serait liée non seulement à l'exploitation commerciale du bois, mais aussi à la pression démographique, à l'extension des villes et à l'agriculture itinérante, notamment la culture sur brûlis qui participe largement à la régression des milieux naturels. C'est ce que note le Programme des Nations-Unies pour l'environnement (PNUE) : « La déforestation a, elle aussi, une influence limitative sur le développement humain puisqu'elle est une des principales causes de dégradation des terres. Cette dégradation va jusqu'à la désertification, sachant que 63 % de la population d'Afrique subsaharienne et 40 % de celle d'Afrique du Nord sont rurales et que 90 % des Africains dépendent du bois et de la biomasse pour leurs besoins énergétiques »[5].

A ces deux problèmes environnementaux de désertification et de déboisement du continent, s'ajoute la diminution très sensible d'une bonne partie de la biodiversité par l'activité humaine, alors que l'Afrique est considérée comme « le paradis de la biodiversité », selon le Programme des Nations-Unies pour l'Environnement[6].

De ce qui précède, la réflexion philosophique à mener sur la situation géographique de l'Afrique consiste à savoir dans quelle mesure l'état de l'environnement constitue joue un impact réel sur l'état d'esprit ou la mentalité des populations par rapport à la question de

---

[5] *Ibid.*
[6] *Ibid.*

l'autodétermination, autrement dit dans le processus du développement.

De prime à bord, si nous prenons en compte l'hypothèse biologique de Jean-Baptiste de Lamarck (1744-1829), à savoir le transformisme, il y a lieu de répondre par l'affirmative. Lamarck soutient que l'état de l'environnement détermine la forme et la fonction des organes du vivant. Le transformisme est l'hypothèse évolutionniste selon laquelle à l'origine des espèces vivantes se situe un long processus de transformation, lente et graduelle, selon des lignées phylétiques, avec branchements successifs au fil des générations, et inclut l'homme comme produit final de ce processus. Pour Lamarck, « la " nature donne à la vie animale le pouvoir d'acquérir progressivement une organisation complexe". Les changements d'environnement entraînent un changement des besoins qui crée un changement des habitudes ; les organes se modifient ensuite suivant deux lois : la loi de l'usage et du non-usage, d'une part, et la loi de l'hérédité, d'autre part. La première stipule que l'emploi le plus fréquent et le plus soutenu d'un organe quelconque fortifie peu à peu cet organe, le développe, l'agrandit, sinon il s'affaiblit et meurt. La seconde, concernant l'hérédité des caractères acquis, explique que ce qui est acquis par l'influence des circonstances, la race le conserve par la génération aux nouveaux individus qui en proviennent[7].

Lamarck insiste surtout sur la force des besoins, les ressources de l'exercice et l'importance des circonstances. En d'autres termes, les conditionnements extérieurs à l'organisme, tels l'emploi réitéré, l'effort, les habitudes, ou inversement, la domestication, le renoncement, transforment peu à peu l'animal de telle sorte qu'il est

---

[7] Cf. J.P. CHANGEUX, *Du vrai, du beau, du bien. Une nouvelle approche neuronale,* Paris, Odile Jacob, 2008, p. 333.

forcément ce qu'il devient. La morphogénèse l'emporte. La fonction fait l'organe. Le défaut d'exercices, à la longue, atrophie, plus tard, l'appareil s'anéantit. Les descendants eux-mêmes en seront privés (hérédité de l'acquis). Au contraire, tout organe prend peu à peu des dimensions et un développement, s'il est sollicité[8].

Si l'hypothèse de Lamarck permet d'avancer une certaine explication compréhensible sur la forme et les types de comportements habituels des groupes d'animaux, y compris les êtres humains, la théorie naturaliste ne s'avère cependant pas conclusive pour comprendre la totalité du comportement de l'homme, en tant qu'être vivant, doué de volonté, de raison et de conscience.

Sur le champ de la philosophie, Georg Wilhelm Friedrich Hegel (1770-1831) nous intéresse au plus haut point pour avoir consacré une partie de sa philosophie de l'histoire à l'explication du retard de l'Afrique. Son hypothèse philosophique de base, fondée sur l'expérience empirique de l'évolution des sociétés, c'est que le climat ou la position géographique détermine l'état d'esprit du peuple, leur mentalité. La détermination géographique comprend tout ce qui appartient à la nature : d'une part la volonté naturelle du peuple ou la manière d'être subjective des peuples, c'est-à-dire non libre et naturel, et d'autre part sa nature extérieure particulière, c'est-à-dire sa conscience de liberté dans sa différenciation de la nature[9].

Le climat dont il est question, selon Hegel, n'a pas forcément affaire avec le sol comme terrain extérieur, mais avec le type naturel de l'endroit, qui coïncide exactement avec le type et le caractère du peuple qui est le fils de son sol. Ce caractère, c'est la manière dont les peuples, de tel ou tel autre climat, se présentent dans

---

8 Cf. F. DAGOGNET, *Le vivant*, Paris, Bordas, 1988, p. 46.

9 HEGEL, *La raison dans l'histoire.* Paris, Collection 10/18, 1979, p. 218.

l'histoire du monde, y prennent place et position. C'est ainsi que le rapport à la mer est décisif pour déterminer l'esprit du peuple. Car la mer est la position la plus importante et décisive à partir de laquelle a commencé l'histoire de l'humanité parce que la mer est source de courage et de créativité[10].

A en croire le rationaliste allemand, c'est la *zone tempérée,* précisément, qui a servi de théâtre pour le spectacle de l'histoire universelle, théâtre de liberté et de créativité, contrairement aux extrêmes régions froides et chaudes où l'homme, butant quotidiennement à l'adversité des forces puissantes de la nature, éprouve ses limites pour satisfaire à ses besoins. Hegel s'en explique longuement : « Il est vrai que le climat a de l'influence en ce sens que ni la *zone chaude* ni la *zone froide* ne sont favorables à la liberté de l'homme et à l'apparition de peuples historiques. A son premier éveil, l'homme se présente en face de la nature comme une conscience immédiatement naturelle. L'homme est nécessairement en rapport avec la nature : toute évolution implique que l'esprit se dresse contre la nature et se réfléchisse en lui-même ; elle signifie une séparation (*Besonderung*) de l'être spirituel qui se rassemble en soi en se dressant contre sa propre immédiateté, qui est justement la nature. Or le moment de la naturalité tombe dans cette séparation précisément parce que la naturalité est l'état de séparation ; ainsi naît l'antithèse du spirituel avec l'extérieur. La naturalité est ainsi la première position à partir de laquelle l'homme peut acquérir une liberté en soi. L'homme étant en premier lieu un être sensible, il est nécessaire que dans son lien sensible avec la nature il puisse conquérir la liberté par le moyen de la réflexion en soi »[11].

---

[10] *Ibid.,* p. 222.

[11] *Ibid.,* p. 219-220.

Et c'est à cause de son rapport très étroit avec la mer Méditerranée que Hegel justifie la spécificité du vieux monde, le monde occidental, en tant que théâtre de l'histoire universelle, en tant qu'il est totalement en rapport, dans les trois parties qui la constituent, avec la mer méditerranée. « Pour ces trois parties du monde, s'explique-t-il, la Méditerranée représente un élément de liaison, et elle est le point central de l'histoire du monde. Avec ses nombreuses baies, elle n'est pas un océan qui conduit vers l'incertain, envers quoi l'homme n'a qu'un rapport négatif ; au contraire, elle invite l'homme à entrer en relation avec elle. Tous les grands Etats de l'histoire antique se trouvent autour de cet ombilic de la terre. Là se trouve la Grèce, le point lumineux de l'histoire. Puis, en Syrie, Jérusalem est le centre du Judaïsme et du Christianisme, au Sud est la Mecque et Médine, le siège primitif de la foi musulmane ; à l'Ouest, Delphes, Athènes, encore plus à l'Ouest, Rome et Carthage. Sur les rives de la Méditerranée se trouve encore Alexandrie qui occupe une position encore plus centrale que Constantinople. Ainsi la Méditerranée est le cœur du vieux monde, elle le conditionne et l'anime. Sans elle on ne saurait se représenter l'histoire universelle, qui serait comme l'ancienne Rome ou Athènes, sans le Forum ou la rue où tout se réunissait. [...] Cette mer est une grande puissance naturelle dont l'influence est décisive ; nous ne pourrions nous imaginer le cours de l'histoire si nous ne tenions en elle un élément central de conjonction »[12].

Poursuivant son hypothèse sur la détermination géographique, Hegel en arrive à trois catégories de milieux historiques où la Raison, comme puissance de liberté et de créativité, s'est déployée jusqu'à son incarnation dans la dernière : les hauts pays sans eau, les vallées parcourues par des cours d'eau, et les pays côtiers.

---

[12] HEGEL, *op. cit.*, p. 243-244.

a) *Le haut pays* donne lieu à la vie patriarcale, à la dispersion en familles isolées, nomades : « Le premier moment est compact, métallique, et reste indifférent et fermé, informé : c'est le *haut pays,* avec ses grandes steppes et ses plaines. Les seuls mouvements qui peuvent provenir d'ici sont de nature impulsive, mécanique et sauvage. Ces plaines privées d'eau sont surtout la résidence des *nomades,* dans l'ancien monde des peuples mogols et arables. Les nomades ont en eux-mêmes un caractère doux, mais le principe qu'ils constituent est fluctuant, vacillant. Ils ne sont pas liés au sol et ne savent rien des droits que la vie en commun, en même temps que l'agriculture, rend obligatoires »[13].

b) Les *plaines fluviales,* en tant qu'elles forment la transition, constituent le berceau de grandes civilisations, le terreau du déploiement de l'intelligence et de la créativité : « Ce sont les vallées formées par de grands cours d'eau, des bassins fluviaux au sol durci. Le terrain est devenu fertile grâce aux sédiments de boue, et le pays doit toute sa fécondité aux cours d'eau qui l'ont formé. C'est là qu'apparaissent les centres de la civilisation. L'autonomie de cette civilisation n'est pas l'autonomie mobile du premier élément (des nomades) mais repose sur une différenciation qui, d'ailleurs, ne conduit pas plus loin, mais s'organise en culture, dans sa propre sphère. C'est le pays le plus fertile, l'agriculture s'y établit, et avec elle les droits de la vie sociale. Le terrain fertile apporte spontanément avec lui le passage à l'*agriculture,* mais dans ce passage apparaissent aussi l'intelligence et la prévoyance. L'agriculture doit se régler suivant les saisons. Elle n'est pas satisfaction individuelle et immédiate du besoin, parce que la satisfaction se fait ici d'une manière universelle. Le souci de l'homme ne porte plus sur une journée, mais sur une longue période. Il faut

---

[13] *Ibid.,* p. 222.

inventer des instruments, et ainsi se développe l'esprit d'invention, ainsi que l'art. La possession constante, la propriété, le droit apparaissent, et, par là même, la division en classes […] De grands empires s'élèvent dans ces pays, la fondation des Etats puissants commence »[14].

c) La *zone côtière* est le milieu où se produit la largesse de l'esprit, le goût de l'aventure, du merveilleux, de la grandeur, du courage et du risque : « La mer, donne de façon générale naissance à un type de vie spécial. L'élément indéterminé nous donne l'idée de l'illimité et de l'infini, et l'homme, en se sentant au milieu de cet infini, en tire courage pour dépasser le limité. La mer elle-même est ce qui n'a pas de bornes et elle ne tolère pas, comme la terre ferme, les pacifiques délimitations en cités. La terre, la plaine fluviale, fixe l'homme au sol. Sa liberté est ainsi restreinte par un immense ensemble de liens. Mais la mer le conduit au-delà de cette limitation. La mer éveille le courage, elle invite l'homme à la conquête, au brigandage, mais aussi au gain et à l'acquisition. Le travail consacré à l'acquisition se rapporte à cette espèce particulière de fins qu'on appelle besoin. […] La mer éveille le courage. Ceux qui la sillonnent pour acquérir vie et richesse doivent chercher leur gain à travers le danger, ils doivent être courageux, risquer et mépriser vie et richesse »[15].

Il va sans dire, de l'avis de Hegel, que seul le monde occidental remplit ces trois déterminations géographiques qui ont permis à ses peuples d'incarner de manière exceptionnelle le déploiement de la Raison dans l'Histoire de l'humanité. C'est en Occident, de par le rapport de toutes ses régions à la mer Méditerranée, qu'on voit le principe de la vie continentale se compléter de manière féconde à celui de la vie côtière, c'est-à-dire la solidité du continent et l'errance livrée au hasard de la vie côtière.

---

[14] *Ibid.*, p. 225-226.
[15] *Ibid.*, p. 228-229.

Nulle part ailleurs, jamais Hegel n'avait vu un tel déploiement de la Raison dans l'Histoire de l'humanité.

Et l'Afrique dans tout ça ? Pour Hegel, l'Afrique noire est restée en marge de l'Histoire de l'humanité, c'est-à-dire du déploiement de la Raison comme Intelligence, puissance de liberté et de créativité. Hegel divise l'Afrique en trois continents distincts, sans aucune communication réciproque : « L'un se trouve au sud du Sahara : c'est l'Afrique proprement dite, le haut pays qui nous est totalement inconnu, avec d'étroites bandes côtières au bord de la mer. L'autre, situé au nord du désert, est l'Afrique pour ainsi dire, européenne, un pays des côtes. Le troisième est le bassin du Nil, la seule vallée de l'Afrique qui se rattache à l'Asie »[16].

De prime abord, c'est parce que l'Afrique noire n'entretient pas de rapport avec la mer Méditerranée que Hegel l'exclut de l'Histoire universelle comme théâtre de la Raison. Elle fait plutôt partie des extrêmes climatiques qui ne s'accommodent pas avec le déploiement de la Raison, s'appuyant pour ainsi dire sur la pensée d'Aristote. « Les extrêmes ne sont pas favorables au développement spirituel, écrit Hegel. Aristote dit déjà : c'est seulement quand l'exigence du besoin est satisfaite que l'homme se tourne vers l'universel et le supérieur. Or ni la zone chaude ni la zone froide ne permettent à l'homme de s'élever au degré de liberté de mouvement et de richesse des moyens qui lui permettent de se livrer à une activité dirigée vers des intérêts supérieurs, spirituels. L'homme est maintenu dans une trop grande stupidité, la nature l'abaisse et il ne peut se séparer d'elle, c'est-à-dire qu'il ne peut accomplir ce qui est la première condition d'une culture spirituelle supérieure. La violence des éléments est trop grande pour que l'homme, en lutte contre eux, puisse en venir à bout et fasse valoir sa liberté

[16] *Ibid.*, p. 245-246.

spirituelle contre la force de la nature. Le gel qui rassemble les Lapons ou la chaleur torride de l'Afrique sont des forces trop puissantes par rapport à l'homme pour que l'esprit puisse se mouvoir librement parmi elles et parvienne à la richesse qui est nécessaire à la réalisation d'une forme développée de vie. Le besoin, dans ces zones, ne cesse vraiment jamais, jamais on ne peut l'écarter. L'homme est perpétuellement obligé de tourner son attention vers la nature. L'homme utilise la nature pour ses fins, mais là où elle est trop puissante, elle ne se laisse pas réduire à l'état de moyen. La zone chaude et la zone froide ne sont pas le théâtre de l'histoire universelle. Sur ce plan, l'esprit libre a rejeté ces extrêmes »[17].

Validant par lui-même son hypothèse, Hegel arrive à la conclusion que l'Afrique noire est le milieu géographique où domine le principe du haut pays, c'est-à-dire l'indocilité, à la différence du caractère dominant de l'Asie, celui de la plaine fluviale, avec une culture fermée sur elle-même, et moins encore du principe totalisant de l'Occident dans lequel l'Esprit se trouve unifié en soi, « le continent qui s'est ouvert à l'histoire infinie de la culture, tout en restant compact dans sa substance » ; l'Afrique proprement dite c'est le type spécifique de pays replié sur lui-même et qui persiste dans ce caractère principal de concentration sur soi ; le pays où « l'homme reste arrêté au stade de la conscience sensible ; d'où son incapacité absolue d'évoluer. Il manifeste physiquement une grande force musculaire qui le rend apte au travail, et témoigne d'un esprit débonnaire, mais, en même temps, d'une féroce sensibilité[18].

Entrent dans la même enseigne les peuples de l'Amérique du Sud, de l'Asie orientale et de l'Europe du nord. Pour Hegel, l'Américain du sud, à l'exception de

---

[17] *Ibid.*, p. 220-221.
[18] *Ibid.*, p. 245.

celui du nord pour avoir été en contact avec la civilisation occidentale, ne représente que l'homme dont la conscience a à peine dépassé le stade de l'enfance. « Je me souviens d'avoir lu, raconte Hegel, qu'un ecclésiastique faisait sonner à minuit une cloche pour les rappeler à l'accomplissement de leurs devoirs conjugaux, car, livrés à leur propre initiative, même cela ne leur serait pas venu à l'esprit. [...] Ainsi les Américains sont comme des enfants inconscients qui vivent au jour le jour, privés de toute réflexion et de toute intention supérieure. La faiblesse du tempérament américain fut une des principales raisons de l'importation des Nègres en Amériques : on les y amena en effet pour exploiter, dans les travaux leurs forces, étant donné leur meilleure aptitude à s'assimiler la civilisation européenne, si on les compare aux Américains »[19].

Il en est de même du peuple de l'Asie orientale que Hegel regardait non sans mépris comme étant éloigné de l'évolution du monde, pour n'avoir pas participé à l'histoire universelle. Dans cette catégorie se retrouve l'Europe du Nord dont il dira qu'elle ne fut entrée que plus tard dans l'histoire, parce qu'elle n'avait pas participé à l'histoire antique, laquelle histoire se limitait absolument aux régions situées autour de la Méditerranée[20].

En définitive, la question reste posée, celle qui consiste à savoir si le climat chaud de l'Afrique noire, avec ses chaleurs accablantes, ses déserts, ses pluies torrentielles, etc., n'influe pas négativement sur le développement des peuples. Mais cette question ne nous condamne pas à céder au déterminisme géographique tel que Hegel avait voulu légitimer l'esclavage et la colonisation au nom du prétendu droit de civilisation des peuples primitifs. Tout au plus, la prise de conscience des problèmes

---

[19] *Ibid.*, p. 243.

[20] *Ibid.*, p. 213-244.

environnementaux de l'Afrique devrait forger l'esprit d'initiative, de créativité des Africains pour qu'au-delà de l'amour romantique de notre continent, avec ses très beaux paysages, attrayant par sa nature verdoyante, ses innombrables richesses naturelles, sa faune et sa flore, nous puissions contribuer à la transformation positive de nos espaces de vie.

1.2. L'Afrique comme culture et ses contrastes historiques

Comme culture, l'Afrique réfère généralement à l'ensemble des peuples noirs situés au sud du Sahara, peuples auxquels les ethnologues avaient reconnu « un esprit, un caractère, une essence semblable. Lilyan Kesteloot, chercheuse belge spécialiste des littératures négro-africaines francophones, écrit à ce sujet : « L'Afrique a depuis l'Antiquité produit des cultures si riches et si originales que le savant allemand Frobenius constatait en 1906, qu'il existait vraiment une civilisation africaine portant d'un bout à l'autre du continent noir "la même frappe", c'est-à-dire le même cachet : "Partout nous reconnaissons un esprit, un caractère, une essence semblables". Cet ensemble de caractéristiques forme le "style africain" : "quiconque s'approche de lui reconnaît bientôt qu'il domine toute l'Afrique, comme l'expression même de son être. Il se manifeste dans les gestes de tous les peuples nègres autant que dans leur plastique. Il parle dans leurs danses comme dans leurs masques, dans leur sens religieux comme dans leur mode d'existence, leurs formes d'Etats et leurs destins de peuples. Il vit dans leurs fables, leurs contes, leurs légendes, leurs mythes… »[21].

[21] Cf. L. KESTELOOT, *L'Anthologie négro-africaine. Histoire et textes de 1918 à nos jours. (Nouvelle édition),* Vanves, Edicef, 2012, p. 80-81.

En effet, jusqu'à preuve du contraire, les historiens partagent l'hypothèse scientifiquement attestée selon laquelle l'Afrique est le berceau de l'humanité. D'après les recherches concordantes en paléontologie, c'est en Afrique que la présence des premiers hommes fut constatée. On y a découvert un grand nombre de fossiles et preuves d'une organisation par des hominidés précurseurs de l'être humain. C'est en Afrique donc que l'on a attesté la première apparition de l'espèce humaine, près de 7 millions d'années avant notre ère, et c'est aussi à partir de l'Afrique que l'espèce humaine, l'*homo sapiens*, aurait commencé sa migration vers d'autres continents. On note également que c'est en Afrique que s'étaient constitués les premiers foyers de la science et de la culture, très précisément en Egypte pharaonique et en Alexandrie où étaient formés les grands centres de la connaissance et de la civilisation.

Les recherches suffisamment fouillées du célèbre savant et historien sénégalais Cheikh Anta Diop, enrichies par ses disciples comme Théophile Obenga, Amadou Hampâté Bâ, Joseph Ki-Zerbo, etc., ont montré que c'était aux cœurs des pays nègres qu'étaient situés les berceaux de civilisation, sur la partie méridionale de l'hémisphère nord : Egypte, Arabie, Phénicie, Mésopotamie, Elam, Inde. « Dans tous ces pays, *affirme Cheikh Anta Diop*, il y avait déjà des civilisations nègres au moment où les Indo-Européens y arrivèrent au cours du second millénaire à l'état de nomades frustes »[22]. Et d'étayer sa thèse sur l'antériorité des civilisations nègres, notamment dans le chapitre VII de *Nations nègres et culture,* intitulé « L'apport de l'Ethiopie-Nubie et de l'Egypte à la civilisation » : « Les Ethiopiens d'abord, les

---

[22] CHEIKH ANTA DIOP, *Nations nègres et culture. De l'antiquité nègre égyptienne aux problèmes culturels de l'Afrique Noire d'aujourd'hui,* Paris, Présence africaine, 1979, p. 230-231.

Egyptiens ensuite, selon le témoignage unanime de tous les Anciens, ont créé et porté à un degré extraordinaire de développement tous les éléments de la civilisation alors que les autres peuples – en particulier les Eurasiatiques – étaient plongés dans la barbarie. [...] On ne saurait trop insister sur tout ce que le monde – et en particulier le monde hellénique – doit au monde égyptien. Les Grecs n'ont fait que reprendre et développer dans une certaine mesure, parfois, les inventions égyptiennes, tout en les dépouillant, en vertu de leurs tendances matérialistes, de la carapace religieuse "idéaliste" qui les entourait... »[23]. Et comme pour rendre encore très crédible sa thèse, l'égyptologue sénégalais s'appuie sur le témoignage de l'égyptologue français Amélineau :

> J'ai vu alors, et clairement vu, que les systèmes les plus fameux de la Grèce, notamment ceux de Platon et d'Aristote, avaient eu l'Egypte pour berceau. J'ai vu aussi que le beau génie des Grecs avait su revêtir les idées égyptiennes d'un revêtement incomparable, surtout chez Platon ; mais j'ai pensé que ce que nous aimerions chez les Grecs, nous ne devions pas le mépriser ou simplement le dédaigner chez les Egyptiens »[24].

Dans son argumentation, s'appuyant sur des preuves historiques suffisamment fouillées, le savant sénégalais montre que ce sont les populations africaines à l'état sauvage qui ont apporté dans leur ébranlement tous les éléments de la civilisation et les ont introduits partout où elles ont été. De ce point de vue, à l'encontre de la théorie hégélienne de la détermination géographique, Cheikh Anta Diop se demande pourquoi tant d'aptitudes créatrices des Indo-Européens ne se manifestent-elles qu'en contact avec les Noirs et jamais dans le berceau primitif des steppes eurasiatiques ? « Pourquoi ces

---

[23] *Ibid.,* p. 395.
[24] *Ibid.,* p. 397.

populations n'ont-elles pas créé la civilisation chez elles avant d'émigrer ? Si le monde moderne disparaissait, imagine-t-il, grâce à la densité des vestiges de civilisation en Europe, on rétablirait aisément que c'est de là que la civilisation moderne avait rayonné sur toute la terre. On ne peut rien trouver de semblable quand on part des steppes eurasiatiques. Si nous remontons à l'antiquité la plus haute, c'est des pays nègres que les documents nous obligent de partir pour expliquer tous les phénomènes de civilisation. Il serait faux de dire que la civilisation est née de ce métissage. On a la preuve qu'elle existait dans les pays noirs bien avant le contact historique avec les Indo-Européens »[25].

Dans tous les cas, la thèse fondamentale de Cheikh Anta Diop consiste à affirmer que ce sont les peuples nègres, ethniquement homogènes, qui ont créé tous les éléments de la civilisation en s'adaptant aux conditions géographiques favorables de leurs berceaux primitifs. « Dès lors, leurs pays devinrent des pôles attractifs où tentèrent de s'introduire, pour améliorer leur existence, les habitants des régions déshéritées et arriérées qui les avoisinaient. Le métissage qui est né de ce contact est donc une conséquence de la civilisation déjà créée par les Nègres, et non pas la cause de celle-ci. […] Tout ce qui précède permet de rejeter également les explications a posteriori qui, partant de la situation du monde moderne, décrètent que la zone tempérée est favorable, par excellence, à l'éclosion des civilisations qui, toutes y ont trouvé leur origine. Les documents historiques prouvent, au contraire, qu'au moment où le climat de la terre était déjà fixé toutes les premières civilisations ont existé en dehors de cette zone »[26].

---

[25] *Ibid.*, p. 230.
[26] *Ibid.*, p. 230-231.

Outre l'invention de l'écriture vers 3250 av. J.-C., la civilisation égyptienne connut une forte expansion politique dans tout le bassin méditerranéen. Jusqu'aux alentours du premier millénaire avant notre ère, on note en Afrique la constitution des vastes royaumes et des grands empires, où le travail du fer s'était développé et répandu, notamment en Afrique du Nord et dans la partie septentrionale de l'Afrique subsaharienne. Il y avait du commerce entre les régions de l'Egypte, de l'Afrique du Nord, de la Nubie et de l'Ethiopie.

Ainsi donc, comme on peut le lire sur le web, « La civilisation égyptienne est l'une des plus anciennes et les plus durables, elle perdure jusqu'en 343 ap. J.-C. L'influence égyptienne s'est fait profondément sentir dans la Libye moderne, au nord de la Crète et de Canaan et, au sud, dans les royaumes, qui lui furent contemporains, de Koush (Nubie) et d'Aksoum (actuelle Éthiopie).[…]Au moment où l'Egypte atteint son apogée, vers 1500 av. J-C., plus au sud, dans l'actuel Nigeria, se développe la civilisation de Nok, l'une des plus anciennes civilisations d'Afrique subsaharienne. Elle est connue pour son art des poteries en terre cuite, mais aussi parce qu'elle atteste de l'utilisation conjointe d'outils lithiques (Late Stone Age) et d'outils en fer, situation représentative de la transition vers l'âge de fer dans cette région. Elle disparaît de manière brutale peu de temps après les débuts de l'ère chrétienne, vers 200 ou 300 ap. J.-C. Elle a cependant eu une descendance, notamment artistique, au travers par exemple de la civilisation d'Ife, dont la ville éponyme est peuplée dès le VIe siècle av. J.-C. »[27].

Hélas, tout en reconnaissant ce passé glorieux de l'Afrique noire, disons mieux l'antériorité de la civilisation égyptienne, la question de l'autodétermination

---

[27] Cfr. « Afrique - Traite infra-africaine et traite arabe », in www.wikipedia.com.

africaine ne peut pas être éludée tout simplement sous prétexte de la triste histoire de la traite des Noirs et de la colonisation. D'entrée de jeu, il me semble très réducteur d'assimiler la civilisation de l'Egypte antique à l'Histoire commune de toute l'Afrique noire quand bien même les anciens habitants d'Egypte seraient des Noirs. Etaient-ils conscients de leur négritude ? C'est une autre question de discussion. Contentons-nous par ailleurs de signaler que l'ésotérisme du savoir égyptien n'était pas de nature à assurer, comme on le suppose facilement, le développement et l'extension de leurs savoir-faire dans tout le Continent africain. Car, contrairement aux savants grecs où l'enseignement scientifique et philosophique était dispensé par des profanes que rien ne distinguait du peuple si ce n'est leur niveau intellectuel ou leur rang social d'aristocrates, les maîtres égyptiens, quant eux, ne pouvaient pas se permettre de profaner leurs sciences, autrement dit de les dispenser publiquement au bénéficie de tout le monde. Pour s'en rendre compte, l'historien gréco-romain du premier siècle de notre ère, Plutarque, note que les savants grecs comme Solon, Thalès, Platon, Eudoxe et Pythagore avaient rencontré des difficultés avant d'être initiés par les Egyptiens, parce que tout simplement ces derniers n'aimaient pas profaner leur science. Mais si Pythagore avait été préféré de tous les élèves des Egyptiens, c'est parce qu'il avait un tempérament mystique, et réciproquement il était un des Grecs qui vénérait le plus les Egyptiens[28].

Qui plus est, l'argument de la traite et de la colonisation des peuples noirs d'Afrique, tout en étant légitime ne me semble pas conclusif pour fonder le retard actuel en matière de développement socio-économique et politique. Les ténors de l'argument esclavagiste et colonialiste partent certes du fait historique qu'à l'origine de la

---

[28] Cf. CHEIKH ANTA DIOP, *op.cit..*, p. 397.

régression des peuples africains, il y a eu l'extrême domination coloniale qui a brisé l'harmonie des cultures africaines, assez solides pour permettre à l'homme noir de vivre et d'être heureux malgré un très faible essor technique. C'est ce qu'affirme la Belge Lilyan Kestellot en indiquant que la traite qui coûta au continent africain un minimum de cent millions d'hommes désorganisa complètement les sociétés côtières et propagea ses désordres dans l'intérieur, d'où l'on drainait les esclaves en caravanes vers les principaux marchés qui s'échelonnaient de la Guinée au Congo[29].

Quand bien même cet argument était irréfutable, la question mériterait d'être réfléchie après la fin officielle de la traite et la décolonisation des peuples noirs non seulement d'Afrique mais aussi d'Amérique. De prime à bord, force est de constater qu'au niveau même du continent africain, à la suite des querelles intestines qui opposèrent les populations africaines, il y eut non seulement des migrations et des guerres populaires dans le but d'occuper des terrains fertiles, mais aussi nombre de ces guerres furent les principales pourvoyeuses de prisonniers (et de femmes) incorporés en qualité d'esclaves à la société victorieuse. Avec la poussée islamique, le commerce transsaharien s'intensifie, faisant circuler entre le nord et le sud du continent, l'or, le sel et les esclaves. Ces derniers forment une part importante des caravanes. La traite arabe prit une dimension supplémentaire en accentuant, outre la traite intra-africaine, un trafic intercontinental soutenu, longtemps avant les Européens. C'est ainsi, par exemple, que la côte est de l'Afrique alimenta l'Inde et la Chine en esclaves noirs depuis au moins le IXe siècle[30]. Au niveau interne ou régional, dans leur mouvement vers le sud, les

---

[29] Cf. L. KESTELOOT, *op.cit.*, p. 82

[30] Cfr. « Afrique - Traite infra-africaine et traite arabe », in www.wikipedia.com.

Bantous, éleveurs et semi-nomades, maîtrisant la métallurgie du fer, se métissèrent et s'affrontèrent aux populations locales des chasseurs-cueilleurs, jusqu'à atteindre l'aire des locuteurs khoïsan, en Afrique australe »[31].

Quant à la colonisation, l'histoire des anciennes colonies occidentales qui émergent désormais montre qu'elle n'est pas à considérer comme une détermination génétique qui empêcherait irréductiblement les peuples noirs d'Afrique de s'autodéterminer. A titre d'exemple, le miracle des colonies d'Amérique, devenues la première grande puissance économique mondiale. En effet, peu après la découverte du Nouveau Monde par les Européens, par Christophe Colomb, en 1492, l'actuel territoire américain était devenu rapidement un enjeu international. Les grandes puissances coloniales occidentales s'étaient lancées dans l'exploration et la conquête du Nouveau Monde, puis bâtirent de vastes empires coloniaux qui finirent le plus souvent par être absorbés militairement et politiquement par d'autres empires, ou par devenir indépendants vis-à-vis de leur métropole, après plusieurs siècles de domination. Il s'agit de l'indépendance des Treize colonies britanniques qui devinrent les Etats-Unis d'Amérique et se lancèrent à leur tour dans la colonisation des territoires de l'Ouest sauvage (Conquête de l'Ouest), puis dans une expansion outre-mer (aux dépens notamment de l'Espagne)[32].

---

[31] *Ibid.*

[32] Unies en 1775, les Treize colonies britanniques d'Amérique du Nord (la Virginie, le Massachusetts, le New Hampshire, le Maryland, le Connecticut, Rhode Island, le Delaware, la Caroline du Nord, la Caroline du Sud, le New Jersey, New York, la Pennsylvanie, la Géorgie) signent la déclaration d'indépendance des États-Unis d'Amérique en 1776 et se séparent de la Grande-Bretagne.

On peut aussi évoquer, dans une certaine mesure, le cas de la Chine qui, plus que jamais, s'impose aujourd'hui en Afrique et dans le monde comme l'une des plus grandes puissances financières, économiques et technologiques. Certes, à proprement parler, la Chine n'avait pas été colonisée. Elle fut plutôt semi-colonisée par les puissances occidentales qui, dès le décollage de leur puissance industrielle et commerciale avaient dû s'imposer fortement sur elle, militairement, économiquement et politiquement, au point qu'une grande partie du territoire chinois fût grignotée. Dès le début du XVIe siècle, comme en Afrique, les Portugais capturent des Chinois sur les côtes, souvent des enfants, et les utilisèrent comme esclaves, un trafic qui durera jusqu'au XVIIIe siècle, même si le Portugal n'était pas en mesure de faire plier l'Empire chinois à toutes ses volontés. Les autorités répliqueront à plusieurs reprises lorsque les étrangers se comportent en envahisseurs, en les emprisonnant, les tuant ou les repoussant à la mer[33].

N'oublions pas non plus qu'une forme de « colonisation intra-occidentale » avait eu lieu en Europe, pour des raisons de leadership. Des années de guerre et de résistance entre les pays occidentaux finirent par donner raison à la raison, et finalement à la formation des alliances qui aujourd'hui se vivent tant bien que mal au sein de l'Union européenne.

1.3. L'Afrique comme société et ses contrastes organisationnels

Qui dit société entend un regroupement d'individus organisés d'une certaine manière, autrement dit unifiés par

[33] Cf. Semi-colonisation de la Chine », in http://wikirouge.net/Semi-colonisation_de_la_Chine

un réseau de relations, de traditions et d'institutions, permettant de répondre harmonieusement à leurs besoins de la vie. De ce point de vue sociologique, l'Afrique est une et plurielle. Une parce que le concept de l'Afrique réfère généralement aux peuples noirs qui habitent au sud du Sahara, marqués par toutes sortes de misère. Plurielle parce qu'il y a en Afrique noire une diversité de peuples et de cultures.

Le paradoxe commun de l'Afrique noire, c'est que malgré les ressources naturelles et humaines disponibles qu'on lui reconnaît, la majorité des peuples noirs d'Afrique croupissent dans la misère. Sans tomber dans les extrêmes, il faut reconnaître que l'Afrique noire se présente aujourd'hui comme « le continent des laissés-pour-compte, de la misère et de la pauvreté, le continent que des jeunes désespérés fuient en masse au péril de leur vie, le continent des zones grises occupées par des bandes armées en quête d'enlèvements, le continent aux rives hostiles parcourues par des pirates extrêmement déterminés, le continent nouveau foyer du terrorisme, le continent frappé de catastrophes et de guerres, le continent de l'assistance internationale et de l'aide humanitaire »[34].

Ce qui étonne particulièrement les observateurs critiques, c'est qu'en dépit des politiques économiques savamment étudiées et mises en place depuis des décennies, l'Afrique continue d'être à la traîne du développement. Toutes les politiques d'ajustement structurel mises en place semblent malheureusement s'essouffler alors qu'elles étaient censées conduire l'Afrique à son développement, l'ériger en une Afrique économiquement et politiquement épanouie et intégrée, ayant procuré bonheur et prospérité à ses populations et

[34] J. SOM, *L'Afrique noire n'est pas maudite ! Le Calibri, un bel exemple*, Paris, L'Harmattan, 2015, p.126.

dont la voix est audible et respectée au sein de la communauté internationale[35].

A en croire l'économiste ivoirien, René N'Guettia, le retard de l'Afrique serait lié au déficit de rationalisation des politiques économiques, ayant entraîné par le fait même la faillite de l'agriculture, le blocage de l'industrialisation, le refus de l'intégration des sociétés nationales, le bricolage de la gouvernance, l'échec de l'école africaine, l'engluement du continent dans les partenariats tous azimuts, ainsi que la paralysie par apathie des organes de l'union africaine. D'où son postulat de tout reprendre à zéro, c'est-à-dire, pour donner toutes les chances à l'Afrique de rompre définitivement avec la misère et la pauvreté, elle devra remplir les conditions suivantes : en premier lieu, faire de l'industrialisation la priorité des priorités du développement de l'Afrique ; deuxièmement, l'Afrique doit trouver en son sein les ressources nécessaires pour le financement de son économie ; troisièmement, les dirigeants africains doivent respecter la liberté de penser et d'entreprendre, s'adonnant pour ce faire à l'éducation et à la formation de leurs concitoyens ; quatrièmement, accorder tout l'intérêt nécessaire au sens positif du patriotisme ; cinquièmement, il faut que les armées soient républicaines, mises au service de la République, rien que pour la République ; enfin, en sixième lieu, la valorisation de la culture africaine dans sa pluralité comprise comme une richesse, tout en veillant à ce qu'elle ne soit pas un frein dans la marche de l'Afrique vers le progrès. Voilà dans quelle direction l'économiste N'Guetta entend diriger l'Afrique contemporaine afin qu'elle puisse s'émanciper de l'immobilisme pathologique qui la caractérise[36].

---

[35] Cf. R. N'GUETTIA Kouassi, *L'Afrique : un géant qui refuse de naître. La solution, c'est de tout reprendre à zéro,* Paris, L'Harmattan, 2015, p. 13.
[36] *Ibid.*, p. 243-248.

En fait, le défi de l'autodétermination africaine est beaucoup plus complexe qu'il ne saurait être résolu par de seuls remèdes scientifiques. Il s'agit avant tout du problème de l'homme et des peuples africains, c'est-à-dire de la compréhension qu'ils ont d'eux-mêmes et de leur destinée sociale. Il faut prendre en compte tous les problèmes de l'Afrique noire, au niveau environnemental, culturel et socio-politique. Le plus intéressant, c'est que malgré toutes ces adversités naturelles, historiques et politiques, l'homme noir croit fermement à la vie qu'il ne cesse d'aimer.

Deuxième chapitre

Les mouvements de libération

Le premier chapitre ayant été consacré à la présentation des contrastes de l'Afrique comme continent, comme culture et comme ensemble des sociétés en mal de développement, nous allons nous atteler dans ce deuxième chapitre à voir quelles sont les dynamiques de libération qui se sont créées, avant et après les indépendances nationales.

Nous parlerons d'abord des mouvements de conquête identitaire, tels que la négritude et le panafricanisme. Nous y associerons le discours du Révérend Père Placide Tempels, bien connu sous l'expression de « la philosophie bantoue ». Nous nous appesantirons ensuite sur la contribution de la philosophie africaine proprement dite, dans sa double articulation comme herméneutique des traditions et théorie critique de l'action libératrice.

2.1. La conquête de l'identité négro-africaine

2.1.1. La Négritude et le Panafricanisme

Le néologisme de *négritude*, dont la paternité revient au Martiniquais Aimé Césaire, fut employé pour la première fois dans son *Cahier d'un retour au pays natal,* en 1939. Il entendait par *négritude* « la simple reconnaissance du fait d'être noir, et l'acceptation de ce fait, de notre destin de noir, de notre histoire et de notre culture »[1]. En d'autres termes, la *négritude* concerne la façon dont les Négro-africains comprennent l'univers, c'est-à-dire le monde qui les entoure, la nature, les gens, les événements ; c'est aussi la manière dont ils créent ce monde[2].

Alors qu'Aimé Césaire adoptait une attitude défensive, celle de l'acceptation de l'identité de l'homme noir, de sa culture, niée par l'homme blanc, Léopold Sédar Senghor se voulait beaucoup plus offensif, au-delà de l'acceptation de son identité noire. Pour le président sénégalais, la négritude consistait à défendre aussi tout ce qui constitue le patrimoine culturel de l'homme noir, les valeurs et surtout l'esprit de la civilisation négro-africaine. De ce point de vue, la négritude est l'ensemble des valeurs culturelles de l'Afrique noire, valeurs à incarner dans les réalités de la société moderne du XXe siècle, dont l'émotion nègre, expression qui fut objet de controverse, lorsque Senghor dit que l'émotion était nègre, comme la raison était hellène.[3].

Au moment où la négritude était développée en Afrique continentale, le *panafricanisme* fut répandu dans la diaspora africaine des Etats-Unis d'Amérique, de la Caraïbe et de France, en tant qu'invitation à la prise de conscience des origines africaines et de l'aliénation culturelle dont étaient victimes les noirs africains de la diaspora. Lors de ses cinq Congrès « pana-africains » tenus entre 1919 et 1945, W.E.B Dubois, qui en fut le précurseur, exhorta les hommes politiques africains, en

---

[1] Cf. L. KESTELOOT, *Anthologie négro-africaine. Histoire et textes de 1918 à nos jours,* Vanves, Edicef, 2012, p. 80.
[2] *Ibid.*
[3] Cf. J-M. VAN PARYS, *Une approche simple de la philosophie africaine,* Kinshasa, Ed. Loyola, 1993, p. 76.

l'occurrence le Ghanéen Kwame Nkrumah, à prendre plus tard la décolonisation de leurs pays en mains[4].

En fait, l'intérêt émancipatoire de la négritude et du panafricanisme est indéniable dans ce sens que, comme le souhaitait Franz Fanon, le but était de conduire le peuple à son autodétermination, autrement dit de « faire comprendre aux masses que tout dépend d'elles, que si nous stagnons c'est de leur faute, et que si nous avançons c'est aussi de leur faute, qu'il n'y a pas de démiurge, qu'il n'y a pas d'homme illustre responsable de tout, mais que le démiurge c'est le peuple et que les mains magiciennes ne sont en définitive que les mains du peuple »[5].

C'est dans cette perspective de prise de conscience de soi comme premier auteur responsable de sa vie et de sa société que sont nées des idéologies bien connues en Afrique noire comme le *socialisme* et le *consciencisme*, dont la visée principale consistait, d'une part, à refuser les idéologies de domination, et, d'autre part, à produire de nouvelles idéologies de libération.

Le *socialisme* africain auquel sont associés les noms du Tanzanien Julius Nyerere, le Ghanéen Kwame Nkrumah, le sénégalais Léopold Sédar Senghor, le Guinéen Ahmed Sékou Touré, le Congolais Patrice Emery Lumumba, le Malien Modibo Keita… est une idéologie politique fondée sur l'idée selon laquelle la société, en tant que structure relationnelle de base pour tout processus d'humanisation, est la source de vie, la source de toute légalité, la source de toute légitimité et le fondement du droit. De l'avis de Sékou Touré, l'« homme socialiste n'a d'autre dignité et d'autres droits

---

[4] Cf. H. LODEWYCKX, « "Philosophie africaine", origine et perspectives », in *Revue internationale de philosophie et de théologie,* n°47 (1986), p. 146.

[5] Cf. S. BACHIR DIAGNE, *L'encre des savants. Réflexions sur la philosophie en Afrique,* Paris, Présence Africaine, 2013, p. 85

de la personne que ceux de la société dont il fait partie : la valeur d'un homme est dans sa seule "existence sociale", dans sa "seule utilité sociale". La société, dans sa vie matérielle, dans sa pensée, dans sa qualité des rapports qu'elle crée entre les hommes, dans le sens de sa transformation volontaire et consciente, est la réalité par préférence à laquelle on juge l'utilité de la vie de chaque individu »[6].

Sur le plan de l'organisation politique, le socialisme africain entendait revaloriser les structures socio-économiques traditionnelles, promouvoir la lutte anticolonialiste, l'exigence de la reconstruction nationale, le développement de l'homme global[7]. Pour ce faire, le socialisme africain aboutissait tant bien que mal à la centralisation de l'Etat qui puisse mettre en place des techniques et des pratiques sociales : la planification et la promotion par l'Etat de l'agriculture modernisée, la création de l'industrie, l'action de l'Etat sur les personnes par l'animation des masses, le développement communautaire[8]. Mais l'une des principales faiblesses du socialisme africain, tel que défini par Sékou Touré, c'est de réduire la personne à l'ensemble social à telle enseigne que l'idée du progrès de l'individu par le progrès de la société est absente de ses théories[9].

Notons qu'à la différence du consciencisme matérialiste de K. Nkrumah, le socialisme de J. Nyerere et de L.S. Senghor sera plutôt de nature spiritualiste, fondé sur des valeurs partagées par toutes les grandes religions, notamment l'égalité de tous les êtres humains,

---

[6] Cf. J-M. VAN PARYS, *op. cit.*, p. 79.
[7] *Ibid.*
[8] *Ibid.*, p. 80.
[9] *Ibid.*, p. 79.

selon J. Nyerere[10], ou tout simplement sur les valeurs humanistes, d'après Senghor[11].

D'après Kwame Nkrumah, tout en véhiculant les valeurs fondamentales du socialisme africain, c'est-à-dire l'idée que les cultures du continent sont traditionnellement caractérisées par un égalitarisme humaniste qui fait de la collectivité une véritable communauté, et qu'en conséquence la marche vers le socialisme de l'Etat-nation africain postcolonial est une reprise du mouvement par lequel les sociétés africaines se faisaient communautés lorsque les individus apprenaient à y devenir des personnes, le consciencisme repose particulièrement sur un matérialisme érigé en base même de l'humanisme égalitaire des cultures africaines[12]. La théorie de Nkrumah se voulait donc une synthèse harmonieuse de traditions des pensées africaines et des apports de l'islam et de l'Occident[13]. Elle combine l'ontologie des forces vitales et le matérialisme dialectique, parce que cette théorie stipule que « la matière n'est pas un poids mort, mais elle vit par la tension qui existe entre des forces. Mieux, pour l'Africain, ce qui existe vit en tant que faisceau de forces entre lesquelles il y a tension »[14].

Dans l'ensemble, il y a lieu de considérer que tous ces mouvements idéologico-politiques étaient avant tout des mouvements réactionnaires contre les idéologies étrangères ayant légitimé la traite des Nègres, l'esclavage et le colonialisme, puis contre la méconnaissance des cultures noires, de l'Histoire de l'Afrique noire, des droits politiques des Noirs, de leur personnalité

---

[10] SOULEYMANE BACHIR DIAGNE, *op. cit.*, p. 95-96.
[11] Cf. J-M. VAN PARYS, *op. cit.*, p. 80.
[12] Cf. S. BACHIR DIAGNE, *op. cit.*, p. 2013, p. 92.
[13] *Ibid.*
[14] *Ibid.*

originale[15]. Positivement, ces mouvements de libération ont contribué à mener des réflexions intéressantes autour de « l'Unité africaine, de la remise en honneur des valeurs africaines, de la promotion des idées démocratiques »[16].

2.1.2. Le discours du R.P. Placide Tempels

Pour l'Afrique noire, francophone particulièrement, la théorie du Révérend Père Placide Tempels, missionnaire au Congo Belge, né Frans Tempels, le 18 février 1906 à Berlaar (Belgique) et décédé le 9 octobre 1977, est non négligeable dans les mouvements d'émancipation. L'apport est certes indirect dans ce sens que « la philosophie bantoue » de P. Tempels, titre même de son ouvrage (1945), visait dans son intention le public étranger de ceux qui avaient à assumer au Congo la double mission *civilisatrice* et *évangélisatrice* de la colonisation. Mais lorsque le débat fut repris par les philosophes africains, les thèses de Tempels permirent de comprendre à quel point la catégorie de la rationalité était un enjeu anthropologique majeur dans la métaphysique occidentale, notamment dans la philosophie de l'histoire de Hegel.

En évoquant à dessein la théorie de Tempels dans la dynamique des mouvements de libération des peuples noirs d'Afrique, nous visons notamment à montrer dans quel sens le missionnaire belge se serait indirectement opposé au négationnisme anthropologique de Hegel et, partant, aux fondements épistémologiques de l'ethnologie coloniale. Car, contrairement à la plupart de ses pairs ethnologues, P. Tempels pose et affirme l'humanité de fait de l'homme noir, quitte à lui en rendre conscient par la réflexion, la civilisation occidentale et l'évangélisation chrétienne. Ce présupposé anthropologique lui permet, sur

---

15 J-M. VAN PARYS, *op. cit.*, p. 74.
16 *Ibid.*, p. 76.

le plan théorique, de récuser indirectement les réductions hégéliennes, même si sur le plan pratique son effort est quasiment nul pour aider l'homme noir à prendre conscience du regard méprisant dont il était victime de la part du colonisateur.

Commençons par nous rappeler le contexte philosophique général de l'ethnologie coloniale, à savoir la philosophie de l'histoire de Hegel. A en croire Jean-Marc Ela, théologien et sociologue camerounais, le contexte historique où s'enracine le regard ethnologique à l'époque coloniale était marqué par une antithèse de type manichéen : l'Occident incarne à jamais les Lumières. En revanche, l'Afrique est le continent des Ténèbres. Cette image associée au visage même des Nègres, est présentée dans les réflexions de Hegel sur la *"La Raison dans l'histoire"* : "L'Afrique, aussi loin que remonte l'histoire (…), c'est le pays de l'enfance qui, au-delà du jour de l'histoire consciente, est enveloppée dans la couleur noire de la nuit" »[17]. « Pour Lévy-Bruhl, continue-t-il, *l'homme primitif, c'est l'Autre par excellence.* En lui, on ne trouve pas les catégories de pensée propre à l'homme accompli »[18].

Dans le même ordre d'idées, Théophile Obenga, un des fidèles disciples de Cheikh Anta Diop, montre que le négationnisme bien connu de Hegel s'inscrit dans la continuité des penseurs occidentaux qu'il qualifie d'africanistes eurocentristes, dont Montesquieu, Voltaire, Hume, Kant et Hegel[19].

Livrons-nous maintenant à un petit exercice de parallélisme contradictoire entre Hegel et Tempels au sujet de l'homme africain, de l'homme Noir tout court. Selon Hegel, auteur bien connu de *La raison dans*

---

[17] Cf. J-M. ELA, *L'Afrique à l'ère du savoir : science, société et pouvoir,* Paris, L'Harmattan, 2006, p. 146.

[18] *Ibid.,* p. 149.

[19] Cf. T. OBENGA, « Africanismes eurocentristes : source majeure des maux en Afrique », in *L'Afrique répond à Sarkozy*, p. 385-390.

l'histoire, l'Histoire de l'humanité est celle du déploiement de la Raison telle qu'elle agit au travers des grands hommes et des grands peuples. Qu'on l'appelle *Noûs* au sens des anciens, c'est-à-dire l'Intelligence en général (Cf. le Grec Anaxagore)[20], ou la providence, telle l'idée chrétienne de la Providence divine, la *Raison* est ce qui gouverne et a gouverné le monde, c'est-à-dire que l'histoire universelle s'est-elle aussi déroulée rationnellement[21].

Le présupposé rationaliste de l'histoire de l'humanité conduit Hegel à ne considérer l'homme que par la Raison, par-delà d'autres catégories qu'il partage avec les animaux. Etre homme c'est être rationnel. Et les hommes et les peuples qui font l'Histoire sont ceux-là qui ont saisi le concept, la Raison ou l'Esprit dans son mouvement de construction et de transformation du cours de l'Histoire. Pareille à Mercure, le conducteur des âmes, la Raison est le mouvement de l'Idée qui mène les peuples et le monde, les guide et continue de guider les événements du monde[22]. La raison se manifeste en tant que telle dans le monde et rien ne s'y manifeste qui ne soit elle, sa majesté et sa magnificence[23].

Incarnée dans l'homme et dans les peuples qui font l'*Histoire*, la *Raison* est un Esprit de puissance et de liberté créatrice qui nie la matière et tout ce qui est figé : « La nature de l'Esprit se laisse connaître par son opposé exact. Nous opposons l'Esprit à la matière. De même que la substance de la matière est la pesanteur, de même la liberté est la substance de l'Esprit. Nous sommes tous immédiatement convaincus qu'une des propriétés de l'Esprit est la liberté »[24].

---

[20] Cf. HEGEL, *La raison dans l'histoire*, p. 56-57.
[21] *Ibid.,* p. 60.
[22] *Ibid.,* p. 39.
[23] *Ibid.,* p. p. 47-48.
[24] *Ibid.,* p.75.

Au concept de *liberté de l'Esprit* sont intimement liées les catégories de *changement* et de *rajeunissement*, c'est-à-dire le progrès. Le changement concerne cet immense tableau fait d'événements et d'actions, de figures infiniment variées de peuples, d'États, d'individus qui se succèdent sans repos, tout ce qui peut passionner l'âme humaine : le sentiment du bien, du beau, du grand. Du changement résulte la renaissance, comme la métempsychose pour les Orientaux et le progrès chez les Occidentaux. Quant au *rajeunissement*, il n'est pas un simple retour à la forme antérieure ; c'est une purification et une transformation de lui-même[25].

En un mot, selon Hegel, l'essence de la raison incarnée dans l'histoire des peuples est d'être liberté, changement, rajeunissement, progrès. « Après la création de la nature l'homme apparaît et l'oppose au monde naturel, il est l'être qui s'élève dans un univers second. Notre conscience générale comporte la notion de deux règnes : celui de la nature et celui de l'esprit. Le royaume de l'esprit comprend tout ce qui est produit par l'homme. On peut se représenter de bien des manières le royaume de Dieu, mais il s'agit toujours d'un royaume de l'esprit qui doit se réaliser dans l'homme et passer dans l'existence. Le domaine de l'Esprit englobe tout ; il enveloppe tout ce qui a suscité et suscite encore l'intérêt humain. L'homme y est actif. Quoi qu'il fasse il est l'être en qui l'Esprit agit »[26].

Les *peuples historiques*, en effet, selon Hegel, sont habités par la conscience d'être le temple de la Raison. Et c'est cette conscience qui s'appelle *l'esprit du peuple*, ce par quoi ce peuple s'identifie lui-même et se distingue en même temps des autres peuples. Il transparaît dans ses œuvres grandioses comme l'éthique, le droit, la religion.

---

[25] *Ibid.*, p. 55.
[26] *Ibid.*, p. 71.

Hegel s'en explique : « La forme concrète *(Geslaltung)* que revêt l'Esprit (que nous concevons essentiellement comme Conscience de soi) n'est pas celle d'un individu humain singulier. [...] Dans l'histoire, l'Esprit est un individu d'une nature à la fois universelle et déterminée : un peuple ; et l'Esprit auquel nous avons affaire est *l'Esprit du Peuple (Volksgeist).*Les Esprits populaires à leur tour se distinguent selon la représentation qu'ils se font d'eux-mêmes, selon la superficialité ou la profondeur avec laquelle ils ont saisi l'Esprit. L'ordre éthique des peuples et son droit *(das Recht des Sittlichen)* constituent la conscience que l'Esprit a de lui-même. Ils sont le concept que l'Esprit a de lui-même. Ce qui se réalise dans l'histoire est donc la représentation de l'Esprit. La conscience des peuples dépend du savoir que l'Esprit a de lui-même ; et la conscience ultime à laquelle tout se ramène est celle de la liberté humaine. [...] Ne sont intelligents que ceux qui ont pris conscience de l'Esprit de leur peuple et se conforment à lui. Ce sont les grands hommes de ce peuple et ils le conduisent selon l'Esprit général. Les individus disparaissent pour nous et n'ont de valeur que dans la mesure où ils ont réalisé ce que réclamait l'esprit du peuple »[27].

La Raison étant ainsi définie comme *Intelligence* ou *Providence* du peuple, comme principe de liberté et de progrès par le changement et le rajeunissement, Hegel finit par s'étonner admirablement que la Raison ne se soit déployée que dans l'Histoire occidentale et moins ailleurs dans le monde. La Raison serait tout simplement absente de l'histoire de l'Afrique noire où ne se déchaîneraient que les passions les plus basses. Les propos de Hegel sur l'Afrique noire sont tellement catégoriques que nous le citons *in extenso* :

---

[27] *Ibid.*, p. 80-81.

> D'une façon générale, nous devons dire que, dans l'Afrique intérieure, la conscience n'est pas encore arrivée à l'intuition de quelque chose de solidement objectif, d'une objectivité. Par objectivité solide il faut entendre Dieu, l'éternel, le juste, la nature, les choses naturelles. Dans la mesure où il est en rapport avec une semblable entité bien consistante, l'esprit sait qu'il dépend d'elle, mais, en même temps, dans la mesure où il s'élève vers elle, il sait aussi qu'elle est une valeur. Les Africains, en revanche, ne sont pas encore parvenus à cette reconnaissance de l'universel. Leur nature est le repliement en soi. Ce que nous appelons religion, État, réalité existant en soi et pour soi, valable absolument, tout cela n'existe pas encore pour eux. [...] Ce qui caractérise en effet les nègres, c'est précisément que leur conscience n'est pas parvenue à la contemplation d'une quelconque objectivité solide, comme par exemple Dieu, la loi, à laquelle puisse adhérer la volonté de l'homme, et par laquelle il puisse parvenir à l'intuition de sa propre essence. Dans son unité indifférenciée et concentrée, l'Africain n'en est pas encore arrivé à la distinction entre lui, individu singulier, et son universalité essentielle ; d'où il suit que la connaissance d'un être absolu, qui serait autre que le moi et supérieur à lui, manque absolument. L'homme en Afrique, c'est l'homme dans son immédiateté[28].

En ayant déjà en tête cet arrière-fond négationniste de la philosophie de l'histoire de Hegel, nous pouvons supposer qu'en rédigeant sa « philosophie bantoue », P. Tempels voulait se positionner à la fois *pour* et *contre* l'hégélianisme caractéristique de l'ethnologie coloniale. D'où l'intérêt critique de sa mise au point suivante : « Quiconque veut étudier les primitifs ou les primitifs évolués doit renoncer à atteindre des conclusions scientifiquement valables, tant qu'il n'a pas pu pénétrer

[28] *Ibid.*, p. 250-251.

leur métaphysique. Affirmer *a priori* que les primitifs n'ont pas d'idées au sujet des êtres, qu'ils n'ont pas d'ontologie et que toute logique leur fait défaut, c'est tourner le dos à la réalité. [...] Le seul folklore et la description superficielle d'étranges coutumes, ne peuvent suffire à nous faire découvrir et comprendre l'Homme primitif. L'ethnologie, la linguistique, la psychanalyse, la science du droit, la sociologie et l'étude des religions ne pourront donner des conclusions définitives, qu'après que la philosophie et l'ontologie du primitif auront été complètement étudiées et décrites »[29].

Avec et contre Hegel, il y a lieu de mettre en perspective les éléments suivants qui militent selon Tempels à la faveur de la considération, un tant soit peu, des peuples noirs d'Afrique, les Bantous, comme des hommes ayant leur pensée, c'est-à-dire leur *vision du monde*, axée sur l'être comme force. Et c'est de cette catégorie métaphysique de l'être comme force que sont déduites toutes les autres catégories de l'être rationnel comme Dieu, l'homme et la société, la morale et le droit, contrairement à ce qu'affirme Hegel.

a) *Dieu* est pour les Bantous l'Etre absolu, celui qui a la plénitude de la force. Cette croyance en Dieu serait antérieure au contact même de l'homme noir avec l'homme blanc. Dieu, en effet, se trouve au sommet de la hiérarchie de tous les êtres de l'univers ; il est l'Etre le plus puissant, de qui vient toute force, Esprit et Créateur, le *mwine bukomo bwandi.* Il est Celui qui a la force, la puissance par lui-même. Il donne l'existence, la subsistance et l'accroissement aux autres forces. C'est lui qui accroît la force[30].

---

[29] P. TEMPELS, *La philosophie bantoue,* Elisabethville, Lovania, 1945, in www.aequatoria.be/tempels/pilbant1945.htmp, (PDF), p. 6/51.
[30] *Ibid.,* p. 31.

b) *L'homme et la société.* Dans la métaphysique bantoue de *l'être en tant que force*, l'homme occupe une place centrale, en tant que l'être qui possède la vie vraie, pleine et élevée. Il est la force la plus puissante créée par Dieu. L'homme domine tous les autres êtres et leur force, les animaux, les plantes et les végétaux. La société humaine, quant à elle, est hiérarchisée selon le degré de force vitale des êtres[31].

c) *La morale et le droit.* Pour les Bantous, conformément au principe de la force vitale, une action sera jugée bonne ou juste quand elle permet de renforcer ou de déforcer, d'accroître ou de diminuer la force de l'*être* : « La morale objective chez les noirs est une morale ontologique, immanente et intrinsèque. [...] Nous pouvons en conclure qu'un acte, un usage sera avant tout qualifié d'*ontologiquement bon* par les Bantous, et qu'il sera pour cela estimé *moralement* bon et enfin, par voie de déduction, sera-t-il apprécié comme *juridiquement juste* »[32].

d) *La notion du progrès.* Tout en reconnaissant que les Bantous accusent un retard par rapport à l'idée du progrès, P. Tempels n'admet cependant pas que l'on réduise cette notion au seul développement capitaliste des conditions de vie. Il s'en explique : « On a dit que seule notre mission civilisatrice peut justifier notre occupation du sol des non-civilisés. Tous nos écrits, conférences et émissions radiophoniques répètent à satiété notre volonté de civiliser les noirs. Sans doute se trouve-t-il des personnes qui se plaisent à voir les progrès de la civilisation dans l'amélioration des conditions matérielles de l'existence, dans l'habileté professionnelle, dans le relèvement de l'habitation, de l'alimentation et du vêtement, dans l'hygiène et dans l'instruction scolaire. Ce sont certes autant de "valeurs" utiles et même nécessaires.

[31] *Ibid.*, p. 15-16.
[32] *Ibid.*, p. 31.

Mais est-ce là *civilisation* ? La civilisation, n'est-ce pas, avant tout, un progrès de la personne humaine ? »[33].

En définitive, il est intéressant de noter l'intérêt que l'ouvrage de P. Tempels, *La philosophie bantoue* (1945), n'avait pas manqué de susciter très tôt dans le cercle des philosophes universitaires africains, engagés spécialement dans la mise au jour de la rationalité des faits de culture africaine, mythes, récits, paraboles, proverbes, chants populaires, etc. afin de pouvoir affirmer la rationalité de l'homme noir. On note à cet effet les travaux d'Alexis Kagame, Makarakiza, Lufuluabo, Mulago, Bahoken, Mujynya[34], etc.

La critique principale adressée à ces auteurs, comme à leur initiateur P. Tempels, c'est de prétendre faire une philosophie implicite au nom de l'homme africain. D'où la critique de l'ethnophilosophie, c'est-à-dire le mélange de la philosophie avec l'ethnologie. En d'autres termes, l'ethnophilosophie est une manière de procéder en philosophie sur les faits de culture et de prétendre aboutir à des généralisations posées pour universelles, mais sans qu'une réflexion philosophique, c'est-à-dire rigoureuse, critique et autocritique, y soit strictement associée. Des critiques bien connus de cette tendance sont entre autres Franz Crahay, Marcien Towa et Paulin Hountondji

Franz Crahay s'oppose à l'idée d'une philosophie africaine infuse, implicite et inconsciente. Car, la philosophie est et doit être une réflexion explicitée, analytique, radicalement critique et autocritique, systématique au moins en principe et néanmoins ouverte, portant sur l'expérience, les conditions humaines, les significations et les valeurs qu'elle recèle. Voilà pourquoi l'avènement de la philosophie africaine nécessitait un *décollage conceptuel*, c'est-à-dire une distance critique

---

[33] *Ibid.,* p. 45.

[34] Cf. P. NGOMA BINDA, *La philosophie africaine contemporaine. Analyse Historico-critique,* Kinshasa, FCK, 1994, p. 43-83.

vis-à-vis du mythe afin d'accéder à la réflexion achevée, critique, autocritique et constructive.

Selon Marcien Towa, l'idée d'une philosophie africaine, supposée implicite dans la culture, c'est-à-dire dans les mythes, la religion, la poésie, l'art, la science, etc., est insoutenable. Car, il ne suffit pas de déterrer une philosophie africaine. Elle ne peut commencer qu'avec la prise de conscience des Africains eux-mêmes, avec la décision de soumettre l'héritage philosophique et culturel à une critique sans complaisance. De ce point de vue, l'avènement de la philosophie africaine, dans les conditions d'une société politiquement et économiquement dominée, l'obligeait de s'emparer de l'arme secrète qui a permis à l'Occident de dominer le reste du monde, c'est-à-dire la science et la technique. D'où le principe de *l'iconoclasme révolutionnaire*, c'est-à-dire la rupture avec notre passé africain, avec nous-mêmes, l'abandon de la quête de l'originalité et de la différence comme certificat d'humanité, pour accepter de se perdre quelque temps dans la philosophie occidentale.

De son côté, Paulin Hountondji conditionnait l'avènement ou le destin de la philosophie africaine à la production par des philosophes africains d'un ensemble des discours explicites. De la même manière que la philosophie européenne ou n'importe quelle autre philosophie, la philosophie africaine doit exister sous la forme d'une *littérature*, c'est-à-dire des textes écrits par les Africains et qualifiés par eux-mêmes de philosophiques[35].

---

[35] Cf. J-M. VAN PARYS, *op. cit.,* p. 47-60.

2.2. La philosophie africaine

2.2.1. Le courant herméneutique

Le courant herméneutique en philosophie africaine, surtout celle qui se situe dans la perspective de H. G. Gadamer, pose la *tradition* comme l'horizon principal de la compréhension de l'homme dans sa tension entre le passé et l'avenir. En d'autres termes, la tradition comme arrière-plan commun des évidences qui abrite une grande richesse d'informations historiques : la culture ou la formation (Bildung), les préjugés, le sens commun, le jugement, le goût, l'art et les symboles, la vision du monde, etc., bref tout ce qui correspond pour nous à des évidences et abrite une grande richesse d'informations historiques[36].

Ainsi comprise, les partisans de l'herméneutique historique militent pour la *réhabilitation de la tradition africaine*, contrairement au préjugé ethnologique qui la considère comme figée et rétrograde, en opposition avec la modernité occidentale, comme on peut le lire dans une étude financée par le Programme des Nations-Unies pour le Développement en RDC : « Parmi les facteurs qui relèvent de la mentalité, on cite la tradition. Celle-ci favorise l'événement immédiat, la peur de l'innovation, la solidarité négative, le manque de patriotisme, la tendance à la servilité, l'irresponsabilité. Les côtés négatifs de la tradition ont bien marqué la mentalité du Congolais. Reposant essentiellement sur l'oralité, elle donne libre cours à la spontanéité et au conjoncturel. La peur de l'innovation et le manque de volonté d'entreprendre semblent l'habiter. La solidarité négative fait de lui un

---

[36] H-G. GADAMER, *Vérité et méthode. Les grandes lignes d'une herméneutique philosophique*, Paris, Seuil, 1996, p 25.

parasite, insouciant de l'exécution des tâches d'intérêt commun »[37].

Même le philosophe Elungu Pene Elungu ne manque pas de minimiser la valeur de la tradition africaine dans le processus du développement : « Ainsi, la science qui pénètre chez nous et que nous acquérons avec tant d'avidité non seulement, fait volatiliser notre culture traditionnelle, *toute verbale et existentielle*, mais lui substitue une autre culture consistante, qu'elle intercale entre l'homme et la nature, qu'elle ne destine pas à prolonger la nature et à la compléter, mais au contraire à l'assujettir comme objet et à l'exploiter pour les seuls besoins de l'homme, soumis à la mort mais qui en appelle à Dieu, quand il y croit, pour être sauvé de la mort»[38].

Au contraire, le courant herméneutique de la philosophie africaine pose la *tradition* comme étant la source et la ressource principale du savoir. Le professeur Okolo Okonda, en République Démocratique du Congo, est de ceux qui défendent sans relâche le caractère dynamique et incontournable de la tradition, en insistant sur son caractère dynamique, non uniquement comme origine, mais fin toujours à venir, à réaliser dans les limitations de la conjoncture[39]. S'appuyant sur certains de ses prédécesseurs, il affirme avec V. Y. Mudimbe que la *tradition* est ce qui constitue l'homme et son existence dans le monde : « La tradition, *reprend-il,* est en *moi*, elle relit le passé, le présent, le futur. "Le passé est une place

---

[37] Cf. PNUD, « Rapport national sur le développement humain 2008. Restauration de la paix et reconstruction, RD Congo RNDH 2008 », in www.wikipedia.com.

[38] Cf. M. KOUAM, « Ethique et développement. Question posée à la modernité africaine », in *Philosophie africaine. Bilan et perspectives,* p. 280.

[39] Cf. OKOLO OKONDA, « Tradition et modernité en Afrique aujourd'hui. Le point de la question », in *Philosophie africaine. Bilan et perspectives,* p. 120.

encombrée par le présent″ »[40]. En accord avec son collègue Nkombe Oleko, il martèle son axiome 22 sur la tradition : « ″La culture, la tradition est la rampe indispensable au développement″. La tradition est une totalité dynamique, elle est ouverte aux autres traditions. Elle aide au développement et celui-ci lui fait appel pour réussir »[41].

De ce point de vue, B. Okolo Okonda ne se contente pas de récuser la vision ethnologique de la tradition africaine qui la présente faussement comme « un enregistrement pur et simple, une photographie pourrait-on dire, des us et coutumes des peuples représentés »[42], par opposition à la modernité occidentale. Il en appelle plutôt à un nouveau regard de complémentarité entre les deux. « Une thèse profile derrière ces lignes, écrit-il : notre regard sur nous-mêmes et sur notre destin accompagne le regard que nous portons à l'endroit de notre passé et de notre tradition. Il s'ensuit que le problème de la tradition et celui de la modernité ne sont pas deux problèmes, mais ils sont bien un seul et même problème : celui de notre être-au-monde. Il s'enracine dans l'être dialogique de l'homme, dans son historicité, dans sa spatialité comme être biologique à travers les générations »[43].

Dans la perspective de notre réflexion sur le défi de l'autodétermination africaine, la question qui nous intéresse au plus haut point est de savoir dans quelle mesure la tradition est facteur ou condition de possibilité du développement. A en croire l'herméneute Congolais, la tradition se présente dans le chef des acteurs sociaux comme quelque chose du passé historique, comprenant l'ensemble des faits qui influent sur les actions et les projets actuels. Quels sont ces faits historiques ? C'est ici

---

[40] *Ibid.*
[41] *Ibid.,* p.121.
[42] *Ibid.,* p. 114.
[43] *Ibid.,* p. 113.

que la réponse de l'herméneute congolais nous paraît ambigüe, évasive, surtout lorsqu'il se résume en disant : « La tradition africaine telle que nous l'avons lue jusqu'à présent est à refaire. Il faut la voir à l'œuvre brisant ses propres contradictions, se dépassant pour être toujours actuelle. Il faut la saisir dans son effort d'assumer l'environnement et l'histoire. Ici elle n'est pas un contenu, elle est un processus, une manière d'être un essai sur soi-même. *Il nous faut y voir des luttes sociales et des échecs et des victoires sur le terrain »*[44].

Du point de vue épistémologique, Okolo Okonda se sert de l'histoire, en lieu et place de l'ethnologie coloniale qu'il récuse, comme science empirique devant soutenir la démarche herméneutique visant à comprendre et à s'auto-approprier la tradition qui en quelque sorte se trouverait collé sur le dos du sujet. Il s'explique : « L'histoire tente de saisir la tradition dans sa dynamique, l'herméneutique essaie de l'actualiser, le regard fixé vers l'avenir. Les raisons de ce nouveau regard semblent résider dans le fait que les traditions apparaissent têtues malgré l'évolution de nos pays, elles semblent résider dans l'échec du développement vécu par presque tous les pays africains »[45].

A notre avis, une approche globalement historique de l'herméneutique, comme Okolo Okonda le fait dans le sillage de l'herméneutique gadamérienne court le risque de tomber dans le positivisme des sciences sociales qui séparent le sujet de l'objet pour mieux le comprendre. C'est aussi le cas de l'approche herméneutique des faits sociaux lorsqu'elle ne présuppose pas l'intentionnalité, c'est-à-dire ne vise pas à saisir ou à comprendre les significations des actions et comportements individuels et collectifs, mais tout simplement à analyser et les expliquer

[44] *Ibid.*, p. 123-124. C'est nous qui soulignons la phrase.
[45] *Ibid.*, p. 120.

objectivement les faits sociaux, comme la linguistique, l'analyse économique, l'ethnologie, la théorie des jeux de langage[46].

Pour pouvoir dépasser la réduction objectivo-empiriste de la tradition africaine par l'ethnologie coloniale, d'une part, et ses relents historicistes chez Okolo Okonda, d'autre part, l'approche phénoménologique de celle-ci comme *monde vécu* des acteurs sociaux me paraît beaucoup plus éclairante. De ce point de vue phénoménologique, la *tradition* d'un peuple signifie son contexte originaire de la pensée et l'action. Le concept de « contexte » de l'agir, tel que le professeur Mark Hunyadi, de l'Université Catholique de Louvain, le définit, réfère à ce « ce stock immense de formations humaines ou naturelles, révélées ou encore inconnues qui ne regroupe pas seulement les productions symboliques que l'on assimile généralement à la culture, à la science, aux beaux-arts et aux créations de toute espèce, mais bien plus largement l'ensemble de tout ce qui a été fait, a eu lieu ou fut le cas (événements, pratiques, mentalités), et constitue quelque chose comme un patrimoine culturel ou fonds commun de culture auquel on peut se référer »[47].

Une telle considération herméneutique de la tradition comme *monde vécu* s'ouvre à une approche beaucoup plus critique des présuppositions à la fois factuelles et contrefactuelles de l'agir individuel. Cela signifie que la tradition doit être considérée non simplement comme un héritage du passé, c'est-à-dire ce qui se transmet des générations en générations, mais aussi comme quelque chose de plus complexe et de plus irréductible à la connaissance historique. Comme le dirait Ngwey Ngond'a

---

[46] Cf. Cf. J. LADRIERE, « Sciences et discours rationnel », in *Encyclopaedia universalis*, Corpus 20, Paris, Ed. E.U, 1996, p. 724.

[47] M. HUNYADI, *L'homme en contexte. Essai de philosophie morale,* Paris, Cerf, 2012, p. 93-94.

Ndenge, la tradition est un « héritage multiforme qui survit à travers les vicissitudes d'une histoire qui n'obéit pas nécessairement à une normativité et qui comporte la confrontation de l'homme à de l'inédit »[48]. En d'autres termes, la tradition désigne l'esprit qui anime un peuple et lui permet de se reconnaître lui-même à travers la trame historique[49].

Une telle compréhension de la tradition exige de la part du sujet fidélité et rupture émancipatoires. La fidélité ou la confiance à la tradition consiste à s'approprier l'héritage du passé culturel comme un réservoir spirituel commun qui inscrit le comportement personnel et communautaire dans la dynamique d'une autocréation continue, d'une réaffirmation renouvelée de son identité, et donc de son être. Cependant, comme la tradition n'est pas quelque chose de figé, ni à réduire aux us et coutumes du passé ancestral, le rapport à cette tradition doit être celui d'ouverture à l'autre et communion à d'autres expériences culturelles. Cela signifie avoir le discernement ou l'esprit critique par rapport à sa propre tradition[50], autrement dit le renouvellement de la culture, l'ouverture discernante à l'égard de tout apport extérieur ou intérieur[51].

2.2.2. Le courant pragmatique

Le courant pragmatique englobe dans la philosophie africaine l'ensemble de réflexions ayant pour but d'éclairer l'action sociale dans la perspective de la libération du peuple africain, appauvri économiquement et

---

[48] C. NGWEY NGOND'A NDENGE, « Développement et culture », in *Philosophie et vie.* Actes des Premières Journées Philosophiques de Boma du 26 au 29 mai 1993, Boma, Grand Séminaire Abbé Ngidi, 1994, p. 134.

[49] *Ibid.,* p. 134-135.

[50] *Ibid.,* p. 173.

[51] *Ibid.,* p. 126.

dominé politiquement. Pour ce faire, une rupture contre toutes formes de pensée idéaliste, découpée de réalités concrètes, est ressentie comme un devoir intellectuel d'émancipation en Afrique noire. Tel en est particulièrement le point de vue de l'ancien Recteur de l'Université Nationale du Zaïre, Mgr Tharcisse Tshibangu, dans son exhortation aux philosophes africains : « *En ce qui concerne la philosophie, pour ma part, ma position est nette* : il nous faut des philosophes positifs si pas positivistes. Il nous faut en Afrique un grand courant réflexif, mais relié et accordé à tout moment à l'observation et à l'état des données scientifiques suivant différentes spécialités. Un philosophe qui ne serait qu'un pur spéculatif, brillant dans le maniement des raisonnements et la mise en rapport des idées, est à mes yeux agréables à écouter mais disqualifié pour qu'on attende de lui un avancement quelconque dans le progrès de la pensée réaliste, et aussi opératoire »[52]. Une telle option pragmatique de la pensée philosophique en Afrique noire s'inscrit certes dans le courant marxiste, notamment en accord sa XIe thèse sur Feuerbach : « Les philosophes n'ont fait qu'interpréter le monde de différentes manières, ce qui importe c'est de le transformer ».

Ce qui est intéressant, c'est que les philosophes africains s'engagent à ne pas dissocier la praxis et la théorie. C'est le cas du professeur Okolo Okonda qui déclare ouvertement : « Je suis en quête d'une philosophie à la fois de la culture et du développement, une théorie herméneutique qui donne la main à une philosophie

[52] T. TSHIBANGU, « Pour une science africaine. (Propos adressés aux universitaires et scientifiques africains), in *Problèmes de méthodologies en philosophie et sciences humaines en Afrique* (*Actes* de la 7ème Semaine Philosophique de Kinshasa du 24 au 30 avril 1983), Kinshasa, FCK, 1986, p. 15.

transformante et vice versa »[53]. Il s'inscrit dans la perspective de Laurent Ankunde qui, avant lui, plaidait déjà en faveur d'une *philosophie fonctionnelle*, c'est-à-dire celle qui non seulement doit épouser les critiques généralement portées contre la vieille philosophie spéculative, abstraite et contemplative, mais doit aussi et surtout dépasser ces critiques, en révélant la finalité essentielle de la philosophie, à savoir la transformation du monde en vue de l'instauration de la paix, la libération et l'épanouissement de l'homme. La philosophie fonctionnelle doit se faire un moyen au service d'une fin autre que la contemplation et le sommeil léthargique. La philosophie n'est pas une spéculation pure, mais elle reste une analyse approfondie de la réalité. Elle se place dans le principe du dynamisme et de l'activité[54].

D'après Okolo Okonda, l'idée d'une philosophie qui transforme repose dans la démarche consistant à articuler culture ou tradition et développement, ce qui implique de cette philosophie qu'elle se déploie à la fois comme une *anthropologie* et une *épistémologie*. Une anthropologie, car la philosophie qui transforme doit penser l'homme dans sa totalité et une épistémologie dans ce sens qu'elle doit être une critique des idéologies, quelles qu'elles soient : idéologie d'en deçà de la science ou d'au-delà de la science. L'idéologie en deçà de la science concerne tout discours implicite ou explicite, qui occulte et masque les véritables réalités sociales, quelle qu'en soit la finalité, opérationnelle ou contemplative, tandis que l'idéologie au-delà de la science vise tout discours qui représente le projet d'un groupe social en lutte pour un mieux-être,

[53] B. OKOLO OKONDA, *Pour une philosophie de la culture et du développement. Recherches d'herméneutique et de praxis africaines*, Kinshasa, PUZ, 1986, p. 76.
[54] *Ibid.*, p. 76.

projet fondé sur un tant soit peu d'analyses et résolu à se corriger au contact permanent avec la réalité[55].

En conséquence, la philosophie qui transforme assumera pleinement sa dimension polémique, c'est-à-dire s'articuler comme un combat théorique pour le développement, comme le dirait Njoh Mouelle, c'est-à-dire une analyse critique des processus et des expériences en cours ainsi que des " modèles " des pays avancés de façon à pouvoir en dégager une certaine idée de l'humain et de l'homme qui fonctionne comme une boussole devant permettre de s'orienter dans la pensée et d'indiquer par conséquent les orientations souhaitables pour un développement humain[56].

Dans la littérature philosophique congolo-africaine, il y a lieu de retenir le nom du professeur Ngoma Binda, théoricien de la *philosophie inflexionnelle*, une approche philosophique globale, théorico-pratique, qui soit capable de dire oui à l'herméneutique philosophique, d'une part, dont l'objectif est de rendre le passé afin de restituer à l'Afrique un certain pouvoir d'identité et de dignité et, d'autre part, capable aussi de dire oui à l'analyse critico-prospective dont le souci est de faire produire une philosophie rigoureuse, "scientifique" ou "authentique", susceptible de rivaliser avec les philosophies les mieux constituées du monde, et à même de contribuer au progrès de l'Afrique actuelle. A la première démarche s'attache le vœu de libération culturelle et à la seconde le projet de libération économico-politique de l'homme africain[57].

A en croire l'auteur, le projet d'une philosophie inflexionnelle est lié à la prise de conscience de la vieille

---

[55] *Ibid.,* p. 82.

[56] E. NJOH MOUELLE, « "Pensée" et "philosophie" », in E-M. MBONDA (Dir), *La philosophie africaine, hier et aujourd'hui,* p. 149.

[57] P. NGOMA BINDA, *op.cit.*p. 224.

critique adressée à la philosophie traditionnelle d'être impuissante à opérer directement sur l'instance économique. Voilà pourquoi la philosophie inflexionnelle se propose d'investir le champ politique de façon à être opératoire, à acquérir le pouvoir de changer la destinée sociale, en infléchissant le gouvernement de la vie sociale et politique vers de meilleures options et modalités d'effectuation de sorte qu'il produise des effets sociaux les meilleurs pour chacun des membres de la communauté concernée[58]. « Dès lors, précise l'auteur, la voie d'effectivité de la philosophie et vers laquelle doit se tourner le philosophe sous peine de bavardage est la voie politique. La philosophie en Afrique doit, en conséquence, largement s'articuler sur la critique des régimes dictatoriaux de l'Afrique, capitaliste comme socialiste, afin de libérer les masses souffrantes, affamées, analphabètes, privées de liberté. Cette libération des masses est du reste une condition d'efficience de la philosophie. En effet n'est-ce pas en libérant les masses c'est-à-dire en les mettant dans des conditions d'existence favorables qu'elles seront mieux disposées à lire, à écouter et à assimiler nos spéculations philosophiques ? Positivement, nous imaginons la vocation philosophique – et donc tout discours efficient sur le développement – comme un effort rationnel de fournir à l'être humain (et particulièrement à l'homme politique) des raisons de percevoir la nécessité de la justice, de croire en la justice, et d'agir conformément à la justice »[59].

La philosophie inflexionnelle, telle que Ngoma Binda la présente, est certes ambitieuse, mais elle ne manque pas

---

[58] IDEM, « Philosophie et pouvoir politique. Essai sur de théorie inflexionnelle », in *La responsabilité politique du philosophe africain.* Actes du IXe Séminaire Scientifique de Philosophie, Kinshasa, du 20 au 23 juin 1993, Kinshasa, FCK, 1996, p. 167.

[59] IDEM, *op.cit.,* p. 190.

de succomber dans la prétention idéaliste de la vieille philosophie platonicienne qui faisait du philosophe le seul sauveur de la masse ignorante. L'expérience actuelle montre que le philosophe africain, pas plus que les autres citoyens et les autres intellectuels, ne manque pas de butter aux contraintes non seulement des réalités socio-économiques et politiques de son milieu de vie naturel, mais aussi et surtout au fait de la rationalité limitée de tout être humain.

En définitive, pour une approche modeste de la fonction sociale de la philosophie, une distinction méthodologique importante doit être prise en compte entre la critique intellectuelle du philosophe et son engagement politique comme citoyen, même si ces deux exercices de l'intelligence ne s'excluent pas définitivement, comme l'explique J. Habermas : « L'intellectuel doit spontanément – et donc sans demande spécifique venant d'un côté ou de l'autre – faire un usage public de son savoir professionnel, c'est-à-dire des connaissances dont il dispose en tant que philosophe, écrivain, sociologue, physicien ou autre. Sans être impartial, il doit s'exprimer en conscience de sa faillibilité. Il doit se limiter aux questions qui le concernent, apporter des informations objectives et livrer les meilleurs arguments possibles ; il doit ainsi s'efforcer de relever le niveau déplorable de discussion des débats publics. II est par ailleurs attendu de l'intellectuel qu'il puisse se livrer à un difficile exercice de corde raide. Il trahira son autorité sur les deux tableaux s'il ne sépare pas avec le plus grand soin son rôle public de son rôle professionnel. Et il ne doit pas utiliser l'influence qu'il acquiert avec ses mots comme un moyen de conquête du pouvoir – il ne doit donc pas confondre "influence" et "pouvoir". Dès lors qu'ils assument des fonctions publiques, les intellectuels renoncent à être des intellectuels »[60].

En guise de conclusion, il sied de rappeler que l'objectif principal de ce chapitre était de revisiter les chemins de libération des peuples noirs d'Afrique, tels qu'ils furent tracés tout au long des combats idéologico-politiques et philosophiques, allant de la négritude et du panafricanisme aux indépendances nationales, en passant par des questionnements profonds sur la pensée et l'agir collectifs, afin que l'homme africain prenne conscience de la domination et de l'aliénation dont il était victime. « L'histoire des Nègres est un drame en trois épisodes, nous rappelle Aimé Césaire. Les Nègres furent d'abord asservis (des idiots et des brutes, disait-on)... Puis on tourna vers eux un regard plus indulgent. On s'est dit : ils valent mieux que leur réputation. Et on a essayé de les former. On les a assimilés. Ils furent à l'école des maîtres, "de grands enfants" disait-on. Car seul l'enfant est perpétuellement à l'école des maîtres". Les jeunes nègres aujourd'hui ne veulent ni asservissement ni assimilation. Ils veulent émancipation. Des hommes dira-t-on. Car seul l'homme marche sans précepteur sur les grands chemins de la Pensée". […] Mais l'histoire continue d'avancer et de nouvelles variables remplacent ou modifient les anciennes. Avec les Indépendances africaines nous assistons à une nouvelle transformation de la négritude. Le comportement des Africains se normalise. Le Nègre redevient "un homme pareil aux autres"»[61].

---

[60] J. HABERMAS, « Espace public et sphère publique politique. Les racines biographiques de deux thèmes de pensée », in *Esprit,* n° 417 (2015), p. 24-25.
[61] Cf. L. KESTELOOT, *op.cit.,* p. 80.

Troisième chapitre

Le développement de l'Afrique comme « idéologie »

> « Le vocable du développement a acquis une valeur d'idéologie inarticulée dans les pays du Tiers-Monde. Il m'a semblé que la réflexion philosophique sur le développement pouvait être une tâche essentielle pour la philosophie »[1].

D'entrée de jeu, il sied de préciser que le concept d'idéologie ne se réduit pas à son sens généralement péjoratif comme un ensemble de croyances, d'idées, de spéculations, de doctrines vagues et nébuleuses, influant sur le comportement individuel et collectif. Ce que nous voudrions souligner, pour une théorie critique de la société, c'est surtout l'ambivalence de ce concept. D'une part, l'idéologie vise à légitimer l'ensemble des comportements d'un groupe d'individus comme étant fondés et conformes à leurs idéaux. D'autre part, l'idéologie permet d'occulter dans la même mesure les incohérences et les intérêts inavoués dans l'action du groupe[2].

Ainsi donc, en parlant du développement de l'Afrique comme « idéologie », nous ne voulons nullement récuser l'importance cruciale de ce programme d'actions

---

[1] E. NJOH MOUELLE, « "Pensée" et "philosophie" », in E-M. MBONDA (Dir), *La philosophie africaine, hier et aujourd'hui,* Paris, L'Harmattan, 2013, p. 148.

[2] Cf. B. FELTZ, *La science et le vivant. Introduction à la philosophie des sciences de la vie,* Bruxelles, Ed. De Boeck Université, 2003, p. 85.

libératrices dans le processus d'autodétermination des peuples africains. Mais il s'agira tout simplement d'attirer notre attention sur l'intérêt inavoué d'auto-enrichissement qui accompagne la propagande développementaliste, tant au niveau stratégique, en termes d'*aide* au développement, qu'au niveau conceptuel d'importation des modèles extérieurs. Ce sont-là les deux axes principaux d'alimentation du développement de l'Afrique noire comme moyen d'auto-enrichissement. Il s'ensuit le débat sur les fondements culturels du développement en Afrique noire.

3.1. De l'aide au développement à l'assistanat

Pour l'Organisation de coopération et de développement économiques (OCDE), aider l'Afrique à se développer constitue un devoir d'humanité et une nécessité absolue afin de combler le fossé qui est allé en s'élargissant au cours des trois dernières décennies. Ce devoir est aussi et en même temps un défi intellectuel pour les économistes. Car, alors que depuis une vingtaine d'années les réussites se sont succédé en Asie de l'Est puis en Amérique latine, les experts du développement économique semblent incapables de proposer des solutions pertinentes pour l'Afrique, et ce, malgré une accumulation d'études, de recommandations de politique économique de toutes sortes, et une aide technique et financière importante[3].

Dans son essai de radicalisation de la crise profonde et multiforme de la société africaine, le philosophe congolais Cléophas Nketo parle de *« la faim sans fin en Afrique »*. La faim dont il est question, selon lui, d'un point de vue

[3] Cf. S. BACHIR DIAGNE, *L'encre des savants. Réflexions sur la philosophie en Afrique,* Paris, Présence Africaine, 2013, p. 55.

phénoménologique, c'est l'expérience du dénuement, de la vacuité, du "rien" plutôt que de "quelque chose". « Il sied de rappeler avec insistance que l'expérience du dénuement, de la vacuité, éprouve plusieurs dimensions de l'être africain. Ainsi, la conscience religieuse, la conscience politique, la conscience professionnelle et même la conscience de la valeur de la vie se plient de façon patente ou latente aux exigences des aspirations de la vie pour la vie. L'Africain est plus que réduit non pas à lutter pour la vie mais contre la mort. On n'est pas loin de penser que c'est *"la faim"* qui justifie le moyen »[4].

Au-delà de la radicalité de la métaphore du professeur Nketo, il sied de prendre en compte la profondeur de la crise multiforme du vécu des peuples africains, soumis par la force des choses à attendre le salut d'ailleurs, notamment des politiques multisectorielles d'aide au développement. Historiquement, le concept de l'aide au développement remonte au discours du président des Etats-Unis, Harry Truman, le 20 janvier 1949, sur l'état de l'Union, lorsqu'il faisait constater le déséquilibre qu'il y avait entre la pauvreté, la faim et la misère des pays sous-développés, en contraste avec les développements scientifico-technologiques et économiques toujours croissants des pays riches. Le but était d'inviter et d'encourager les pays riches à venir en aide au développement des pays pauvres :

> We must embark on a build new program for making the benefits of our scientific advances and industrial progress available for the improvement and growth of underdeveloped areas. More than half the people of the world are living in conditions approaching misery. Their food is inadequate. They are victims of disease. Their economic life is primitive and stagnant. Their poverty is a

[4] C. NKETO LUMBA, *La faim sans fin en Afrique,* Paris, L'Harmattan, 2015, p. 66.

> handicap and a threat both to them and to more prosperous areas. The material resources which we can afford to use for the assistance of other peoples are limited. But our imponderable resources in technical knowledge are constantly growing and are inexhaustible. I believe that we should make available to peace-loving peoples the benefits of our store of technical knowledge in order to help them realize their aspirations for a better life. And, in cooperation with other nations, we should foster capital investment in areas needing development. Our aim should be to help the free peoples of the world, through their own efforts, to produce more food, more clothing, more materials for housing, and more mechanical power to lighten their burdens.

Le contexte historique et géopolitique dans lequel le concept de l'aide au développement fut employé était celui de l'Après-guerre, marqué par la guerre froide qui opposait les pays capitalistes de l'Occident, sous l'égide des Etats-Unis d'Amérique, aux pays communistes de l'Union soviétique. Pour l'Occident qui avait intérêt d'entretenir des relations de coopération avec les pays pauvres d'Afrique, mais riches en matières premières, *l'aide au développement* représentait un atout majeur, bénéfique aussi bien pour les pays assistés que pour les pays donateurs.

Dans l'esprit de l'administration Truman et dans le contexte du début de la Guerre froide, *l'aide au développement* constituait un moyen de lutter contre l'influence du communisme, en faisant adhérer le plus grand nombre possible des pays pauvres au bloc occidental. Pour les Etats-Unis, *l'aide au développement* représentait un double enjeu, économique et politique. Les ressources naturelles et économiques des pays pauvres étaient un atout majeur pour aider l'Amérique et ses alliés à gagner la bataille du leadership mondial. Aujourd'hui, tout en gardant le même arrière-fond idéologique, on parle respectueusement de la « *coopération au développement* », laquelle se réalise sous plusieurs formes d'aide financière et/ou mesurée par des flux financiers (l'envoi de coopérants est chiffré) : le financement de projets par dons, prêts d'argent à taux préférentiels, ou annulation de dettes.

En matière de stratégies politiques d'aide au développement, les pays les plus riches sont les donateurs qui, par le relai des organismes internationaux comme ONU, BM, FMI, imposent leur puissance économique et politique dans le monde. Il faut compter aussi les politiques internationales, les Internationales syndicales, les grandes universités européennes ou nord-américaines, certaines associations culturelles, les grandes Eglises (Catholique ou protestante), bref les Associations non gouvernementales (ONG) qui doivent réaliser des projets bien précis, limités dans le temps et dans l'espace, dont les objectifs sont mis en place par un bailleur de fonds et des acteurs locaux des pays en développement (un ministère, une ONG, une organisation de producteurs, une organisation professionnelle, une collectivité locale, etc.). Plusieurs activités sont envisagées par ces Organismes dans différents secteurs de la vie socio-économique des pays qui dépendent de l'aide : le renforcement des capacités des organisations paysannes (OP), l'appui aux filières agroalimentaires (approvisionnement en intrants, production, transformation, accès aux marchés), la formation et l'éducation de la population, la santé-soins, les médicaments, etc., les infrastructures-routes-magasins de stockage, hôpitaux, écoles, barrages, puits…, l'appui aux politiques de l'État, etc.

En outre, la plupart du temps, ce sont ces organisations internationales d'aide au développement (ONU, OMS, OIT, UNICEF, BM, PNUD...) qui établissent les critères de discrimination entre les sociétés développées et les sociétés sous-développées. Sont dites *développées* les sociétés où l'on note la mobilité sociale ou l'adaptation institutionnelle, l'acceptation et la recherche de la nouveauté, la tolérance face aux idées hétérodoxes, le pari ou le gage sur l'instruction, l'organisation politique légitime, l'économie basée sur la coopération du grand nombre : production planifiée et non de façon dispersée ; autonomie de la sphère économique, santé durable recherchée, natalité maîtrisée, organisation des ressources alimentaires, homogénéisation de la société par la circulation des biens, des personnes et des informations. Les sociétés *sous-développées,* quant à elles, sont définies par l'immobilité sociale et professionnelle, l'hostilité face à l'innovation, l'intolérance face aux idées hétérodoxes, l'obscurantisme, la sous-tutelle, c'est-à-dire la dépendance tant matérielle que culturelle, l'économie captive et non concurrentielle ni prévisionnelle, l'économie dominée où l'acheteur fixe le prix, la santé précaire, la surnatalité, la pénurie alimentaire, la fermeture à travers les castes.

En fait, parler de l'aide au développement de l'Afrique comme « idéologie » tient au fait qu'il s'établit ordinairement un rapport asymétrique de légitimation et d'occultation de la domination des pays pauvres par les pays riches, notamment dans la fixation unilatérale des rôles à assumer et des objectifs à atteindre par les uns et les autres. Lorsque le Programme des Nations-Unies pour le Développement (PNUD) vise légitimement à réduire la pauvreté et améliorer les conditions de vie des populations pauvres, il n'en reste pas moins vrai qu'il conditionne cette priorité à l'identification et à la fixation par ses propres mécanismes des choix opérationnels afin de s'assurer – de manière paternaliste pourrait-on dire –, que le patrimoine social et environnemental est géré d'une manière efficace et durable[5].

Prenons deux cas typiques : les OMD et le transfert des technologies en Afrique.

A) Les Objectifs du Millénaire pour le Développement (OMD)[6], à l'exception du huitième qui concernait le devoir d'assistance des pays riches, les sept autres ne visaient que les pays pauvres : 1) éliminer l'extrême pauvreté et la faim ; 2) assurer l'éducation primaire pour tous ; 3) promouvoir l'égalité des sexes et l'autonomisation des femmes ; 4) réduire la mortalité infantile ; 5) améliorer la santé maternelle ; 6) combattre le VIH/sida, le paludisme et d'autres maladies ; 7) assurer un environnement durable ; 8) mettre en place un partenariat mondial pour le développement[7].

L'évaluation critique de ces Objectifs du Millénaire pour le Développement révéla que les efforts de l'Afrique étaient globalement moyens. En 2014, le continent africain était accusé de rester à la traîne dans la course aux OMD et à la plupart des cibles qui lui étaient associées. L'augmentation de la proportion des personnes vivant avec moins de 1, 25 dollar US en fut la preuve[8], même si l'Afrique était perçue comme le continent de tous les

---

[5] Cf. PNUD, « Rapport 2012 sur le développement en Afrique : Vers une croissance verte en Afrique. Vue d'ensemble » (PDF), © 2013 Groupe de la Banque africaine de développement (BAfD), in www.afdb.org, p. 2.

[6] Conçus entre les grands décideurs de l'Ordre économique mondial, les gouvernements, la société civile et les différents partenaires des pays sous-développés, les OMD visaient à aider les pays pauvres de la planète, les pays africains en l'occurrence, à sortir de leur marasme et de s'engager sur la voie du progrès, à l'horizon de l'an 2015.

[7] Cf., « Les Objectifs du Millénaire pour le développement » (Rapport de 2013), in www.wikipedia.com (PDF)

[8] www.afdb.org/fileadmin/uploads/afdb/Documents/Publications/Rapport_OMD_2014_11_2014.pdf, p. 1.

espoirs, compte tenu de ses contributions manifestes et concrètes à la définition du programme de développement pour l'après-2015 et les objectifs de développement durable[9].

Or, force était de constater que la définition des OMD reposait sur une vision irréductiblement matérialiste du développement à ses seuls aspects quantitatifs, au détriment de la qualité de vie. C'est le cas de le dire lorsqu'il s'agissait de l'évaluation du système éducatif en Afrique subsaharienne. Tout en se félicitant de l'augmentation du taux de scolarisation dans le primaire, les donateurs négligeaient paradoxalement le fait qu'en réalité la qualité de l'enseignement n'était pas toujours au rendez-vous[10].

B) En ce qui concerne le transfert des technologies en Afrique, le déséquilibre n'est pas négligeable, même si à première vue, il s'agirait du raccourci comme solution la plus facile pour le développement de l'Afrique. Le sociologue congolais Emile Bongeli note avec stupéfaction que dans son pays, comme dans d'autres pays d'Afrique par ailleurs, tout s'importe de l'étranger, « des produits high tech aux tigettes en bois servant de cure-dent, en passant par des matériaux de construction, des véhicules toute catégorie d'occasion, des pièces de rechange occasion d'Europe, des aliments de qualité douteuse, des vêtements (jusqu'aux sous-vêtements de

---

[9] En adéquation avec les aspirations des pays développés et des pays en développement, ce qu'on appelle « la position commune de l'Afrique » (PCA) s'accorde à repasser l'examen à l'Afrique, en espérant de réussir sur les six piliers du développement : « (i) transformation économique structurelle et croissance inclusive ; (ii) science, technologie et innovation; (iii) développement axé sur l'être humain ; (iv) viabilité environnementale, gestion des ressources naturelles et des risques de catastrophes naturelles ; (v) paix et sécurité ; et (vi) financement et partenariats » (*Ibid.,* p. VIII).

[10] Cf. PNUD, « Rapport OMD 2012 », *art. cit.,* p. 147.

friperie non soumis aux contrôles requis), de l'électroménager, des médicaments, des boissons (jus de fruit, boissons fortifiantes, alcool, eau potable et consort) »[11].

La dimension extrêmement idéologique du transfert des technologies, c'est que l'on se contente des solutions immédiates que ces instruments mettent à la disposition des usagers, tout en oubliant les types particuliers d'aliénation qui les accompagnent. Le transfert des technologies n'est pas moins source de domination par le mimétisme et le *copier-coller*. Le professeur Ignace Mvuezolo, de l'Université Catholique de Kinshasa, a travaillé sur cette question en mettant au clair le fait que le transfert des technologies pose non seulement le problème de leur coût exorbitant pour les pays pauvres, dans l'acquisition et la domestication des équipements neufs, mais aussi et surtout celui des rapports asymétriques qui s'établissent entre les acquéreurs et les donateurs. Du côté de ceux qui acquièrent la technologie, il y a une situation de dépendance et de dominance suffisamment accentuée pour supprimer presque totalement la liberté des choix technologiques majeurs. De l'autre côté, ceux qui transfèrent la technologie réalisent des profits exceptionnels à l'occasion d'investissements à la technologie complexe ou coûteuse. Qui plus est, le transfert des technologies occasionne le développement d'un système des relations extérieures par lequel la dépendance et la domination peuvent se produire et même se renforcer par le jeu coordonné de divers facteurs d'influence et de contraintes, dont l'assistance financière et technique. En un mot, le transfert des technologies génère fondamentalement "un gaspillage phénoménal" des énergies et des moyens disponibles ou empruntés, surtout lorsqu'il ne répond pas aux besoins réels de

[11] E. BONGELI, *op. cit.*, p. 164.

développement, mais vise simplement à renforcer la dépendance économique permanente liée à l'entretien, à la maintenance et au renouvellement des technologies sophistiquées et très coûteuses[12].

Dans le même ordre d'idées, Cléophas Nketo attire l'attention sur le fait que les nouvelles technologies de l'information et de la communication sont avant tout des productions intellectuelles de certains individus en réponse aux problèmes réels d'existence qui se posent concrètement à eux. De ce point de vue, elles portent l'empreinte, idéologique pour ainsi dire, du cadre socio-culturel de leur production. Or, force est de constater que l'Africain se comporte dans ce rapport aux nouvelles technologies en simple consommateur passif. « Ne participant ni à la conception ni à la production de ces technologies, l'Africain se réduit au rang de simple consommateur qui, par le fait même, s'enlise dans un système de dépendance abjecte »[13].

3.2. De l'importation des modèles extérieurs au conformisme

L'approche philosophique du développement de l'Afrique envisagée par Ebénézer Njoh-Mouelle consisterait à « voir dans quelle mesure le chemin du progrès que devraient réaliser nos sociétés (africaines) était celui suivis par les pays nantis et dénommés "pays développés" »[14]. Nous pouvons nous demander dès lors si cette approche philosophique du développement n'avait pas pour but de consacrer l'alignement des pays pauvres

---

[12] Cf. I. MVUEZOLO MIKEMBI, « Le transfert de la technologie en Afrique. Problèmes et pistes et réflexion », in *Identités culturelles africaines et nouvelles technologies,* Kinshasa, FCK, 2002, p. 71.
[13] C. NKETO LUMBA, *op. cit.,* p. 101.
[14] E. NJOH-MOUELLE, *art. cit.,* p. 148.

d'Afrique sur les chemins tracés des pays riches, quitte à se faire après coup la meilleure idée possible de l'homme, dans l'espace et dans le temps. La citation suivante de l'auteur conforte cette hypothèse : « Pour réfléchir sur le sens du développement sous l'angle philosophique, on a sous les yeux les processus et les expériences en cours ainsi que les "modèles" des pays avancés qu'on se propose d'analyser et de critiquer. Cette analyse et cette critique ont pour fil conducteur une certaine idée de l'humain et de l'homme qui fonctionne comme une boussole devant permettre de "s'orienter dans la pensée" et d'indiquer par conséquent les orientations souhaitables pour un développement véritablement humain. »[15]

A notre avis, même s'il pouvait simplifier le travail, le procédé méthodologique ainsi préconisé, celui qui consisterait à partir des modèles existants du développement, tels qu'ils ont été conçus et expérimentés ailleurs, représente le défaut majeur d'inciter très peu les intellectuels et décideurs africains à la créativité. Car, qu'on le veuille ou non, malgré la critique philosophique, on a beau chercher à s'approprier les modèles développementalistes des autres peuples, il sera toujours difficile d'en connaître tous les tenants et les aboutissants. N'est-ce pas la difficile situation de l'Afrique noire, tiraillée entre le capitalisme occidental et le socialisme africain ?

Rappelons-nous que dans le contexte géopolitique de l'après-guerre, le monde était bipolarisé entre le capitalisme et le communisme. Le bloc capitaliste était constitué des pays occidentaux, très avancés du point de vue technologique et dont les citoyens avaient un niveau de vie élevé. Le bloc communiste comprenait les pays de l'Europe de l'Est, à économie socialiste, sous l'influence de l'URSS. Entre les deux se trouvaient les pays du Tiers-

---

[15] *Ibid.*, p. 149.

Monde, autrement dit les pays sous-développés, en carence de développement, dont ceux d'Afrique, d'Asie, d'Océanie et d'Amérique latine. C'est dans ce contexte de guerre idéologique que, d'un côté, le capitalisme économique représentait l'avantage de garantir l'élévation du niveau de vie des masses affamées du Tiers-Monde, afin que ce niveau soit proportionnel à la consommation des « Américains moyens ». De l'autre côté, pour les gouvernements des pays humiliés, le modèle socialiste du développement avait plutôt un sens politique, c'est-à-dire l'entrée des pays décolonisés dans le club des grandes puissances économiques mondiales.

De façon générale, le socialisme sera présenté comme la voie du développement la plus conforme au modèle africain de la société fondée sur le principe de la solidarité. Le Ghanéen Kwame Nkrumah, le Tanzanien Julius Nyerere et le sénégalais Léopold Sédar Senghor développeront chacun à sa manière un modèle de socialisme africain qui articule l'universel et le particulier[16].

Le consciencisme de Kwame Nkrumah, autrement dit le socialisme conscienciste, était conçu comme « une philosophie qui doit soutenir la révolution sociale de la société africaine et qui surgira de la prise de conscience africaine confrontée aux divers courants de la société africaine actuelle »[17]. « Sous le nom de " consciencisme", note Souleymane, le Ghanéen Kwame Nkrumah a lui aussi voulu penser un socialisme qui soit "une idéologie nouvelle capable de se cristalliser en une philosophie,

---

[16] Cf. S. BACHIR DIAGNE, *op. cit.,* p. 86.

[17] Cf. H. LODEWYCKX, « Philosophie africaine. Origine et perspectives, in *Revue internationale de philosophie et de théologie,* n°47 (1986), p. 146.

mais n'abandonne pas les principes humanistes de l'Afrique »[18].

Pour le Tanzanien Nyerere, s'appuyant sur le concept d'Ujamaa, c'est-à-dire la famille élargie, le socialisme est un projet économico-politique destiné à la libération de l'Afrique. Comme pour toute société socialiste, son projet d'un socialisme africain devrait être basé sur l'Homme, c'est-à-dire tout humain, en tant qu'il est la visée principale de toute activité sociale. A l'idée de l'homme étaient attachés les principes d'égalité, de dignité humaine et de démocratie. Bref, le socialisme de Nyerere visait à ce que la société africaine soit une société des travailleurs où nul ne sera un inemployé permanent. Cela exige une politique de formation et de retour à la terre : « […] Il n'y aura pas non plus d'écart important de revenu, un signe que la société ne repose pas sur l'exploitation. La forme de propriété publique pourra varier, mais le principe en sera le contrôle du peuple sur les outils de production et les mécanismes d'échange. Nyerere déclare aussi avec force qu'il n'est pas vrai que la propriété privée ne puisse y exister ni que la personne n'y jouisse pas de droits individuels : au contraire il faut, identifier socialisme et " rule of law ". Enfin, dans la société socialiste, la considération dont jouit un individu sera à la mesure de son service pour le bien public »[195].

Quant au socialisme du Sénégalais Léopold Sédar Senghor, il charrie manifestement l'hybridisme idéologique, au point que ses adversaires politiques ne manquèrent pas de récuser, en 1976, la dimension socialiste de son parti devenu « PS »), anciennement dénommé « Union Progressiste Sénégalaise » (UPS). Tel ne fut que le symptôme d'une partie de l'iceberg du copier-coller idéologique, qui signifie que les fondements

[18] S. BACHIR DIAGNE, *op. cit.*, p.89.
[19] *Ibid.*, p. 88.

idéologiques des projets de gouvernement et de développement de l'Afrique manquent de l'efficacité parce que très souvent elles sont *greffées* sur les modèles et les réalités socio-politiques et économiques d'ailleurs[20].

Il faut se rappeler qu'à partir de la révolution industrielle, l'Europe du *Capital* de Karl Max a toujours été le laboratoire des idéologies développementalistes qui furent expérimentées dans la majorité des pays du Tiers-Monde. Avant la première guerre mondiale, le modèle capitaliste est défendu comme l'unique voie du développement, du progrès, l'unique vision du futur. C'est notamment le modèle anglais du capitalisme concurrentiel, ou le libéralisme classique (A. Smith et D. Ricardo), c'est-à-dire le modèle économique fondé sur le libre échange et présuppose la puissance de l'Etat et la formation des grands Etats nationaux modernes.

Simultanément, sont nées en Grande-Bretagne d'autres idéologies du développement comme l'utilitarisme (Joseph Bentham et Joseph Stuart Mill) qui était très influent dans les colonies, et le socialisme européen. Né de la pensée de Marx qui, tout en saluant et en félicitant la bourgeoisie qui, par l'industrialisation, a « sauvé une part considérable de l'humanité de l'imbécilité de la vie rurale », l'utilitarisme finira par prôner la révolution sociale par la lutte des classes. Puis est venu le courant non marxiste, le socialisme d'Etat (Ferdinand Lassale), cherchant à infléchir immédiatement, sans révolution, le système économique et social. On prône l'interventionnisme étatique pour améliorer le sort des travailleurs. Le principe de cette théorie c'est que « l'action de l'Etat peut considérablement transformer l'économie et la société ». Le troisième mouvement socialiste, la « Seconde Internationale (1889-1914) épousera le premier Marx, pour se maintenir dans une

[20] *Ibid.,* p. 85-86.

sorte d'ultra-capitalisme, considérant le libéralisme, tout autant que le colonialisme, comme d'incontournables nécessités[21].

A l'opposé du capitalisme marxiste, la première « révolution contre le Capital », ou le populisme russe, est né le socialisme populiste (Lénine). En effet, dans une société non industrialisée ou « en voie de développement », confrontée aux Etats développés occidentaux, l'intelligentsia, la classe des intellectuels, s'est mise en contact avec la critique marxiste du capitalisme afin de faire naître une approche neuve du devenir des sociétés paysannes, les sociétés non industrialisées.

Fondamentalement, le populisme russe est une théorie qui refuse l'inéluctabilité du développement capitaliste pour les sociétés paysannes, dites « arriérées », et qui affirme avec force la possibilité historique d'un développement non capitaliste de ces sociétés, la possibilité pour elles d'une progression spécifique vers le socialisme, d'un devenir différent de celui des sociétés développées, d'une voie de développement originale.

Le populisme russe connaîtra plusieurs avatars dans le Tiers-Monde, s'articulant sur quatre thèmes principaux:

1) Il y a une pluralité de voies de développement historique : ces voies ne sont pas les mêmes partout. L'histoire n'ayant pas de sens unique, elle progresse par cycles régionaux de stagnation et d'avancées ; il n'y a pas de rythmes linéaires à l'œuvre dans son mouvement. Ainsi donc, les pays retardataires peuvent non seulement

---

[21] Cf. D. DUMERY–J-L. MARGOLIN, « Les visions du développement des sociétés non-industrialisées : problématiques et modèles depuis l'époque du "Capital" jusqu'à la seconde guerre mondiale », in C. COQUERY-VIDROVITCH, e.a., *Pour une histoire du développement. Etats, sociétés, développement. Etats, sociétés, développement*, Paris, L'Harmattan, 2007, p. 64-65.

combler leur retard, mais devancer les pays avancés en raison même de leur retard. C'est la thèse du « raccourci historique », du privilège de l'arriération.

2) Le refus du capitalisme et de ce qui le légitime : ce refus repose sur une vigoureuse et très lucide critique sociale du "prix" humain du "progrès", et surtout de son coût pour une société encore "non développée". D'où les thèmes comme dégâts du progrès, réification des relations sociales, appauvrissement et déculturation de l'individu. Qui plus est, le populisme met en question l'inéluctable mise en dépendance politique et économique des sociétés paysannes par les Etats industrialisés, à moins qu'elles ne s'engagent dans une autre voie. C'est le thème de l'aliénation nationale, de la prolétarisation des nations.

3) Le passage direct au socialisme : c'est l'alternative au capitalisme, par la régénération de la civilisation paysanne : « La commune paysanne doit devenir la forme sociale d'un développement technologique moderne, ce qui implique que la petite production soit modernisée et protégée par l'Etat (cf. la notion de développement "autocentré" aujourd'hui) »[22].

4) L'industrialisation par l'Etat. Après l'échec de la révolution, c'est-à-dire des activités révolutionnaires de l'*Intelligentsia* en 1878 et 1881, un certain nombre de populistes ont considéré que la création d'une grande industrie était nécessaire et qu'elle relevait de la planification de l'Etat. « L'Etat est le seul recours susceptible d'éviter à un pays non industrialisé d'être exploité par les pays capitalistes, développés, de lui permettre d'entrer en compétition avec l'Occident et de parvenir rapidement au socialisme. Il est la clé de voûte de la voie non capitaliste »[23].

---

22 *Ibid.*, p. 76.
23 *Ibid.*, p. 77-78.

Après 1914, les théories développementalistes se mettent en place, surtout au tournant des années 1930 où le problème du développement des sociétés non industrialisées, paysannes, se pose avec beaucoup d'acuité. Le terme « développement » envahit dès cette époque la littérature économique et les rapports officiels consacrés aux colonies et aux semi-colonies. On parle partout de l'économie de guerre, du modèle soviétique, du modèle fasciste, de la social-démocratie et de la « tiers-mondisation » des modèles développementalistes.

Pour le Tiers-Monde, en particulier, l'expérience soviétique va constituer en quelque sorte la référence fondamentale de toutes les politiques de développement du futur parce qu'elle offre un modèle de « raccourci » réussi ; elle dessine le champ des possibles : capitalisme d'Etat, la voie lente, ou capital socialiste, la voie courte. Il y a également le modèle fasciste, autrement qualifié d'étatisme autoritaire et nationaliste, développé en Allemagne d'Hitler et en Italie de Mussolini.

Caractérisé par le totalitarisme absolu et la violence inouïe, le fascisme est une « révolution » politique qui ne modifie pas les rapports économiques, les rapports de propriété. Mais il s'agit d'une révolution de la « superstructure » qui vise à insuffler une nouvelle logique du comportement en société. Le politique revient entièrement au poste de commande. On transforme les rapports de puissance et non les rapports de propriété. L'économie peut fonctionner librement et faire du profit tant qu'elle accepte d'être l'outil des ambitions fondamentalement politiques du régime[24]. « L'Etat ne nationalise pas l'économie, mais il la dirige et la contrôle entièrement. Il s'attribue un droit de véto sur tout investissement et au contraire encourage rigoureusement le développement accéléré de certains secteurs (surtout

---

[24] *Ibid.*, p. 91.

l'industrie lourde et l'armement). Les rapports avec l'étranger sont régis par le principe de l'autarcie maximale [...]. En contrepartie, on encourage les industries de substitution d'importations et on revalorise l'agriculture pour parvenir à ce qu'on appellerait aujourd'hui l'autosuffisance alimentaire »[25].

Sur le plan politique, la social-démocratie, en dépit de sa difficile élaboration et de ses errements, constituera l'essentiel du modèle développementaliste que l'Occident offrira, après la seconde guerre mondiale (1945) au reste du monde. Elle tire ses origines dans le socialisme municipal, forme d'économie sociale organisée et dirigée, sous le contrôle des représentants élus au suffrage universel. La social-démocratie promeut l'organisation de l'Etat et l'amélioration des conditions de vie socio-économiques[26].

3.3. Le procès de la culture africaine

Le sociologue et théologien camerounais Jean-Marc Ela a décrit de façon remarquable le paradoxe de beaucoup d'intellectuels africains lorsqu'ils assument sans regret raison et déraison : « Dans le quotidien, l'on observe chez de nombreux Africains une coexistence de la science, des croyances et des pratiques ancestrales, en matière de savoir, tout se passe comme s'il fallait accorder plus de confiance et d'efficacité au discours qui concerne le "monde de la nuit". C'est ce qui arrive en cas de maladie. On l'a remarqué depuis longtemps : en Afrique noire, on ne meurt pas, on est victime de quelqu'un d'autre qui, en dernière analyse, est le véritable acteur de la mort d'autrui. D'où le rôle primordial de la "connaissance

[25] *Ibid.*, p. 92.
[26] *Ibid.*, p. 99.

extraordinaire" qui fait appel aux spécialistes de l'invisible parmi lesquels les devins occupent une grande place. En effet, ils appartiennent à la catégorie des gens qui "voient dans la Nuit". Les pratiques occultes sont un véritable phénomène social. Prophètes, envoûtement, exorcismes, sorcellerie : analphabètes et diplômés de lycées et d'universités, petits commerçants et élites politiques se passionnent pour l'inexplicable. On retrouve des intellectuels et des dirigeants politiques dans des cercles ésotériques et initiatiques qui prolifèrent et redonnent au mysticisme toute sa place dans la vie urbaine et l'espace du politique. En un sens, le paranormal s'est emparé de toutes les catégories sociales. C'est ici, à la vérité, que l'esprit scientifique est mis à l'épreuve des sociétés africaines »[27].

En fait, on peut représenter le procès de la culture africaine en rapport aux idéaux du développement par deux tendances radicalement opposées : les partisans du « oui » et les partisans du « non ».

Pour les partisans du « oui », les optimistes, la tradition africaine contient des références intéressantes et absolument nécessaires pour orienter positivement l'homme moderne, en général, et l'homme africain, en particulier, souvent empêtré dans les dérives du capitalisme économique et financier. C'est le cas de l'auteur de *Rationalités et problématique du développement en Afrique*, Charles Jean-Marie Minyem d'après qui la culture africaine est féconde d'idées riches et d'enseignements pratiques sur Dieu, sur l'homme et sur la société. De Dieu, d'abord, la théodicée africaine enseigne la croyance en un Dieu suprême avec qui les hommes communiquent et sont en relation par les génies ou démiurges et autres ancêtres. Les communications obtenues par les sacrifices et les objets constituent des

---

[27] J-M. ELA, *L'Afrique à l'ère du savoir : science, société et pouvoir*, Paris, L'Harmattan, 2006, p. 176-177.

supports de présence spirituelle[28]. De l'homme, ensuite, l'anthropologie africaine révèle que l'homme un et indivisible, non pas composé de deux substances comme l'âme et le corps, qu'il n'est pas l'union de la substance étendue et de la substance pensante, contrairement au dualisme cartésien, mais qu'il est composé d'une pluralité d'instances[29]. De la société, enfin, la sociologie africaine établit la hiérarchie de pouvoirs et des rôles naturels entre tous les membres de la collectivité comme fondement de l'intersubjectivité, de la paix et de la cohésion sociale. « Cette hiérarchie qui n'est pas un fait de l'homme, précise-t-il, mais de la nature, définit également le rôle de chacun. Ainsi, dans la société africaine, les rôles ne sont ni arbitraires ni objets de disputes comme c'est le cas aujourd'hui avec le problème du genre, ils sont le fait d'une organisation naturelle dont l'être suprême est le seul responsable »[30].

De ce qui précède, Minyem plaide pour l'enseignement des valeurs traditionnelles comme condition du développement de l'Afrique contemporaine. Pour ce faire, il propose que soit remis en honneur ce qu'il appelle l'école du savoir africain : « L'Afrique doit impérativement réveiller sa rationalité qui a tout simplement été engloutie dans les décombres de la colonisation et de l'ignorance : elle doit se ressaisir en entrant dans ce que nous pourrons appeler *l'école du savoir africain.* Cette école a existé et existe encore de nos jours bien que totalement abandonnée et radicalement méprisée. Cette école a des principes et des méthodes qui transcendent pour la plupart ceux de la raison

---

28 C. J-M. MINYEM, *Rationalités et problématique du développement en Afrique,* Paris, L'Harmattan, 2012, p. 26.
29 *Ibid.,* p. 36.
30 *Ibid.,* p. 46.

technoscientifique et se présentent dans son entièreté comme la science de l'avenir »[31].

Plus explicite, Ondona explique que le recours à l'école traditionnelle du savoir africain est fondé sur un triple espoir : espoir de dépasser le modèle actuellement dominant de la rationalité technoscientifique occidentale, finalement close et nécrognétique ; espoir d'ajuster ce modèle aux réalités socio-culturelles locales de telle sorte que ce processus constitue la voie du salut de l'Afrique ; espoir de dépasser la logique d'antagonisme des relations internationales[32].

Laissons de côté ces utopies philosophiques propres aux théoriciens du passé traditionnel élogieux de l'Afrique noire. Se basant sur l'expérience quotidienne, les partisans du non, radicaux ou modérés soient-ils, posent la question pertinente de savoir si quelque chose de culturellement ancré ne constituerait-il pas un obstacle majeur au développement de l'Afrique.

Dans *La faim sans fin en Afrique,* le professeur Cléophas fait état d'une crise profonde de développement de la société africaine au point d'entraîner la crise existentielle de l'homme africain en tant que tel. Reprenons exactement ses mots : « Il sied de rappeler avec insistance que l'expérience du dénuement, de la vacuité, éprouve plusieurs dimensions de l'être africain. Ainsi, la conscience religieuse, la conscience politique, la conscience professionnelle et même la conscience de la valeur de la vie se plient de façon patente ou latente aux exigences des aspirations de la vie pour la vie. L'Africain est plus que réduit non pas à lutter pour la vie mais contre la mort. On n'est pas loin de penser que c'est *"la faim"* qui justifie le moyen »[33].

---

[31] *Ibid.,* p. 92.
[32] P. ONDONA, « Postface », *Ibid.* p. 106.
[33] C. NKETO LUMBA, *op. cit.,* p. 66.

Très sévère dans sa critique de la culture africaine, l'auteure de *Et si l'Afrique refusait le développement ?*, Axelle Kabou, la Franco-Sénégalaise, experte en communication stratégique, ne passe pas par quatre chemins. D'entrée de jeu, il sied de considérer que l'auteure développe une conception irréductiblement matérialiste du développement ; ce qui la pousse à l'assimiler à « la chose du Blanc » et que les leaders africains rejetteraient tout simplement pour des raisons idéologiques.

En effet, après avoir fait un diagnostic sévère sur le retard économique de l'Afrique noire, Axelle Kabou montre que le sous-développement de l'Afrique est lié à des facteurs culturels, c'est-à-dire aux idées culturellement ancrées qui empêchent de s'approprier les progrès de la civilisation tels qu'ils sont perceptibles dans le développement de l'Occidental. Parmi ces idées les plus coriaces et toujours en vogue dans la culture africaine, elle cite : le prétexte du déclin de l'Occident, le droit à la différence, l'enracinement culturel, le négrisme, bref tout ce qui constitue « la chose du Blanc» et qu'on refuse d'emprunter, contrairement à d'autres cultures de par le monde qui se sont développées grâce aux apports extérieurs[34].

Ainsi donc, le refus du développement de l'Afrique signifie le refus des dirigeants africains d'emprunter les voies tracées par les progrès technologiques et économiques de l'Occident, contrairement à ce qui s'était fait dans les autres pays du monde qui comme les pays africains avaient aussi connu la colonisation. On peut la lire comme suit : « Ainsi, le reste du monde sait désormais que le développement est plus largement dû à l'emprunt intelligent à d'autres civilisations qu'au génie intrinsèque

---

[34] A. KABOU, *Et si l'Afrique refusait le développement ?,* Paris, L'Harmattan, 1991, p. 92.

d'un peuple. Les Africains, eux, feignent de l'ignorer et refusent surtout d'admettre, lorsqu'ils dénoncent la prospérité de l'Occident, que celle-ci est due, au moins autant, à l'exploitation des pays de la périphérie qu'à son génie scientifique propre, qui lui-même est le résultat de la réappropriation judicieuse d'inventions étrangères : l'Occident n'a pas inventé la poudre, qui jouera pourtant un rôle déterminant dans ses entreprises négrières et coloniales. Les Africains continuent donc de croire que la renaissance de leur culture anté-coloniale est la condition préalable de leur développement. On leur a seriné que les technologies ne se transféraient pas, qu'il n'y avait des technologies dignes de ce nom que celles du terroir »[35].

En guise de perspective de solution, Axelle Kabou plaide pour une révolution mentale radicale en Afrique, un iconoclasme révolutionnaire. Cette révolution mentale radicale consisterait à accepter de faire le chemin du développement tracé par l'Occident : « Ainsi donc, la force des nations et des empires vient de la combinaison des créations endogènes et exogènes. Les pays d'Asie du Sud-Est qui ont acclimaté le fordisme avec succès prouvent que la technologie, contrairement à ce qui a été écrit un peu partout, se transfère, s'adapte, se maîtrise. C'est une question de volonté politique et populaire. Il appartient, par conséquent, à l'Afrique de tirer les bonnes conclusions de sa marginalisation croissante, de ne pas redouter la comparaison avec d'autres continents ou d'autres civilisations, de se débarrasser de ses complexes, de s'ouvrir d'urgence au monde extérieur, sous peine de précipiter l'émergence de l'ultime étape d'un processus de régression entamé depuis quatre siècles au moins. Les Africains sont capables de relever ce défi, à condition de prendre leurs politiques culturelles actuelles pour ce

---

[35] *Ibid.*, p. 103.

qu'elles sont : de sombres clapiers concentrationnaires ; et d'en sortir »[36].

Une autre critique négative de la culture africaine se trouve avancée dans ce que le sociologue congolais, le professeur Emile Bongeli, appelle « la culture de la cueillette », ancrée dans l'esprit des sociétés traditionnelles africaines, autrement dit « la philosophie bantoue originelle » comme étant la cause de la stagnation de l'homme africain. Il entend par culture de la cueillette ou de ramassage la loi du moindre effort qui, en tant que telle, se situe à l'antipode de l'esprit d'initiative innovante pour la production qui implique l'intervention de l'intelligence en vue de mieux imaginer et entreprendre des activités novatrices susceptibles d'améliorer les conditions d'existence[37].

Le fait est là, explique-t-il, depuis très longtemps, l'homme africain semble n'avoir pas évolué d'autant plus que, dans les villages africains, tout se fait à l'identique, « on est resté les mêmes, produisant les mêmes produits avec les mêmes techniques, habitant les mêmes cases, chantant les mêmes chansons, exhibant les mêmes danses dites folkloriques, naviguant à bord des mêmes pirogues, pêchant les mêmes poissons, chassant les mêmes gibiers avec les mêmes techniques, ramassant les mêmes chenilles, cueillant les mêmes champignons, dégustant les mêmes mets, régis par les mêmes institutions sociales, croyant aux mêmes ancêtres, malgré une chrétienté apparente et ostentatoire, terrorisés par les mêmes sorciers, pratiquant les mêmes activités artistiques. [...] Même entrés dans la vie moderne, les individus transplantent leur esprit de *cueillette* et de *jouissance gratuite* au point de présenter

---

[36] *Ibid.*, p. 178-179.
[37] E. BONGELI, *op. cit.*, p. 122-123.

des attitudes irrationnelles dans un contexte qui, pourtant, valorise la compétitivité»[38].

Dans le même ordre d'idées, plus tranchantes sont les thèses négationnistes des ethnologues et autres spécialistes occidentaux des cultures traditionnelles africaines. Dans leur ouvrage collectif que nous avons déjà cité ci-haut, les auteurs de *Pour une histoire du développement,* affirment sans détour l'exclusivité de l'occidentalité du concept de développement comme réalisation de l'idée du progrès. C'est le cas notamment de Latouche qui, dans sa « Contribution à l'histoire du concept du développement », montre que le mot « développement », même s'il est absent des dictionnaires philosophiques comme André Lalande et Paul Foulquié, apparaît clairement en 1958, dans le *Dictionnaire des sciences économiques* de Jean Romoeuf, en 1958, en lien avec la notion de « croissance ». Le développement sous-entendait dans le monde des affaires économiques l'idée du bien-être des citoyens et le progrès de la civilisation, idée que le petit monde des experts internationaux de l'Organisation des Nations-Unies entendait thématiser explicitement dans la "théorie du développement", avec ses aspects de "stratégie économique" et son analyse caractérologique du "sous-développement"[39].

Toujours d'après le même auteur, sur le plan philosophique, le concept du développement s'enracine dans la synthèse métaphysique occidentale qui associe progrès de l'esprit et progrès matériel. De la Grèce antique, l'Occident a retenu l'idée de la raison (le *logos*) comme calcul et comme maîtrise de la nature. Référant à Habermas, Latouche dit d'ailleurs que le philosophe

---

[38] *Ibid.* p. 123.

[39] Cf. S. LATOUCHE, « Contribution à l'histoire du concept du développement », in C. COQUERY-VIDROVITCH, e.a., *op. cit.,* p. 46-47.

allemand est tenté de voir dans la figure d'Ulysse une préfiguration de l'entrepreneur : aventureux, calculateur, faustien[40]. De la tradition judéo-chrétienne, l'Occident a retenu l'idée d'un temps linéaire, une conception cumulative et non plus cyclique ou statique du temps. Le progrès suppose une marche vers l'avant sans retour ni repentir. « La synthèse hellénistique et christique de deux fonds culturels va se déployer au cours des siècles de l'ère chrétienne avec l'émergence de l'individualisme moderne (selon Dumont), la valorisation du travail, la profanation-profanisation du temps, de Calvin à Benjamin (selon Max weber) »[41].

Avec les Lumières du XVIIIe siècle, la notion du progrès sera consacrée comme étant la caractéristique principale du développement de la société : « La philosophie du progrès des Lumières était appelée à connaître de prodigieux et prestigieux prolongements. Hegel poursuivra, dans le genre spéculatif, tandis que Saint Simon et Auguste Comte feront du culte du progrès la base même des sciences sociales naissantes. Le progrès n'est plus seulement un *moyen* que se donne l'humanité pour achever la civilisation, mais un *but* en soi. Karl Marx sera le digne héritier de ces deux courants. [...] Le progrès est le moteur commun. On trouve déjà dans l'idéologie des Lumières tous les mythèmes du grand mythe du développement : la science, la technique, la foi dans l'accumulation des connaissances et dans le perfectionnement des Arts. Reste qu'il a fallu un siècle au moins pour que la croyance au progrès "s'incarne" dans l'économie et y trouve son assise la plus solide »[42].

Rappelons-nous qu'à l'époque des Lumières, l'idée du progrès était partout, dans l'esprit humain, dans les

---

[40] *Ibid.,* p. 51.
[41] *Ibid.,* p. 52.
[42] *Ibid.,* p. 49.

sciences et dans les arts. Le progrès signifiait l'accumulation des connaissances qui mènent au perfectionnement indéfini de la civilisation et à l'infini bonheur pour l'humanité[43]. D'après Condorcet, l'esprit humain avancera toujours sans jamais trouver ni ses propres limites, ni les bornes de la nature. Les progrès accumulés par les sciences de la nature – dont le modèle de la physique de Newton, avec sa méthode objective – fondaient l'espoir que l'humanité parviendra à organiser les procès d'apprentissage, tant dans le domaine des questions morales pratiques que dans les questions théoriques. De même que l'homme est capable d'« acquérir des concepts moraux », de même il réussira à porter les sciences morales au niveau déjà atteint par les sciences de la nature. Sur le plan pratique, celui de l'organisation politique de la société, Condorcet envisageait le procès d'émancipation de la civilisation dans la ligne d'une république garantissant les libertés civiles, d'un ordre international accélérant la croissance économique et le progrès technique, et abolissant ou compensant les inégalités sociales. Condorcet escomptait entre autres une éradication des préjugés qui ont établi entre deux sexes une inégalité des droits ; il anticipait l'élimination de la criminalité et de l'incurie, la suppression de la misère et de la maladie par l'hygiène et la médecine ; il croyait qu'il arrivera un temps où la mort ne serait plus que l'effet d'accidents extraordinaires. En d'autres termes, Condorcet croyait à la vie éternelle avant la mort[44].

En d'autres termes, d'après Condorcet, c'est seulement en ordonnant la pensée et l'action selon le modèle des sciences naturelles qu'il était possible d'espérer au

---

[43] *Ibid.*, p. 48.

[44] Cf. A. BONYANGA, *Emancipation et révolution biologique selon Habermas. Une réflexion sur le pouvoir du savoir scientifique,* Paris, L'Harmattan, 2015, p. 164.

développement de l'homme et de la société. « C'est, en un mot, grâce à la généralisation des méthodes qui nous fait passer, par exemple, de l'arithmétique à l'algèbre, du calcul sur des nombres rationnels à celui des nombres irrationnels, que le progrès peut être indéfini dans les techniques qui dépendent de ces sciences, enfin dans les sciences morales, où l'application du calcul des combinaisons aux faits moraux [...], une langue plus précise, le perfectionnement des lois qui détruit l'opposition apparente de l'intérêt de chacun avec l'intérêt de tous, sont autant de champs pour un progrès indéfini »[45].

De ce qui précède, le procès de la culture africaine procède de la question de savoir si la mentalité ou la vision du monde générale des peuples Noirs d'Afrique s'accorde avec l'idée du progrès. D'après Latouche, la réponse est nettement négative dans la mesure où les langues vernaculaires des peuples non occidentaux manquent l'équivalent du concept occidental du progrès. Relisons sa longue argumentation : « Dans beaucoup (peut-être toutes) de civilisations avant le contact avec l'Occident, affirme-t-il, le concept de développement est tout à fait absent. Dans l'Inde brahmanique, [...], les valeurs qui se rapprochent du développement économique participent de l'*arta*, c'est-à-dire d'une sphère d'activité inférieure. [...] Dans plusieurs sociétés africaines, le mot même du développement n'a aucun équivalent dans la langue locale." Les Bubi de Guinée équatoriale, [...] utilisent un terme qui signifie à la fois "croître" et "mourir", et les Rwandais construisent le "développement" à partir d'un verbe qui signifie "marcher", "se déplacer", sans qu'aucune directionnalité particulière ne soit incluse dans la notion. Cette lacune n'a rien d'étonnant, elle

---

[45] E. BREHIER, *Histoire de la philosophie,* Paris, PUF, 2004, p. 1164.

indique simplement que d'autres sociétés ne considèrent pas que leur reproduction soit dépendante d'une accumulation continue de savoirs et de biens censés rendre l'avenir meilleur que le passé". Andrzej Zajaczkowski fait une remarque analogue pour les Kikuyu. Il note en outre que "la perception du temps en Afrique noire est caractérisée par une nette orientation vers le passé". Pour beaucoup d'Africains, l'avenir c'est ce qui est derrière et que l'on ne voit pas tandis que le passé qui doit nous guider s'étale devant nous en pleine clarté. Cette représentation, dont on reconnaîtra qu'elle ne manque pas de pertinence, ne facilite pas l'appréhension d'une notion comme celle de « progrès » ! A cela, il faut ajouter l'absence générale de la croyance dans la maîtrise de la nature dans les sociétés animistes. Si le python est mon ancêtre comme le pensent les Achantis, à moins que ce ne soit le crocodile comme pour les Bakongo, comment faire des ceintures et des portefeuilles avec leur peau ? Si la forêt est sacrée, comment l'exploiter ? En Afrique noire, on se heurte encore tous les jours à ce type *d'obstacles* au développement. Au sud du Togo, l'aménagement de la lagune d'Anetro, résidence du crocodile totem, n'a été possible qu'après avoir déporté une partie de la population. En dehors des mythes qui fondent la prétention à la maîtrise de la nature et la croyance au progrès, l'idée de développement est totalement dépourvue de sens et les pratiques qui lui sont liées sont rigoureusement impossibles parce que impensables et interdites »[46].

Une remarque très importante me semble absolument nécessaire pour nuancer les critiques de ceux qui récusent la culture africaine comme obstacle principal au développement actuel du continent africain. Certes, la culture explique dans une large mesure les fondements de l'agir individuel et collectif, c'est-à-dire les mobiles des

---

[46] Cf. S. LATOUCHE, *art. cit.*, p. 52-53.

actions et des comportements des individus, autrement dit les raisons qui font que telles règles, tels arrangements relationnels, tels construits de jeux prévalent plutôt que tels autres. Mais cela ne nous autorise pas à conclure sans réserve que la structure et la fonction d'une organisation sociale sont irréductiblement déterminées par la vision culturelle de ses membres[47].

En somme, que devrions-nous retenir de ce chapitre ? Nous avons vu que pour certains observateurs critiques, l'absence du concept de *progrès* dans les langues locales africaines expliquerait en grande partie les lenteurs de ces peuples à s'engager dans la dynamique mondiale du développement. En contrepartie, la stratégie politique de l'*aide au développement,* comme ensemble des mécanismes d'assistance humanitaire, devrait être encouragée. Or cette stratégie d'*aide* au développement n'est pas indemne des relents idéologiques dans ce sens qu'elle occulte la domination permanente et l'assistanat. Et même sur le plan théorique, nous avons vu aussi que l'importation des modèles développementalistes ne réussit mieux qu'à asseoir et à faire accepter localement la domination extérieure, au point de récuser tout recours aux sources culturelles africaines du progrès. Mais qu'est-ce que le progrès ou le développement sinon l'ensemble des idées et des actions qui visent la libération de tout homme et de tout l'homme[48] ?

---

[47] Cf. M. CROSIER – E. FRIEDBERG, *L'acteur et le système. Les contraintes de l'action collective*, Paris, Seuil, 1977, p. 205.

[48] Cf. PAPE PAUL VI, *Populorum progression* (Encyclique), 1967, § 14.

Quatrième chapitre

Le problème de l'organisation
Interactions et fondements critiques de l'agir social

Je suis de ceux qui pensent que la clé du développement de l'Afrique noire, comme de tout autre peuple conscient de son avenir, est *l'organisation.* Ce concept d'organisation sous-entend non seulement un ensemble d'actions collectives en vue d'une fin instrumentale, technique ou pratique, mais aussi et surtout la capacité présumée des acteurs sociaux à rationaliser les principes de base qui gouvernent leurs actions et leurs comportements individuels et collectifs. D'où l'intérêt philosophique de savoir quels sont les critères universels de rationalisation des actions et des modes de vie en société. Rationaliser veut dire libérer les fondements de l'agir de ses entraves subjectives tels que les conflits d'intérêt et les rapports de force. De ce point de vue philosophique, le problème fondamental de l'organisation des actions collectives est d'ordre éthique et moral.

L'enjeu est de taille, surtout dans le contexte politique des sociétés africaines, où nous vivons presqu'au quotidien la crise des organisations, liée principalement à ce que nous avons qualifié d'idéologie du développement, à savoir la course effrénée à l'auto-enrichissement. Pour aborder cette problématique, le premier point sera consacré à l'analyse sociologique de l'organisation comme phénomène complexe. Ensuite, à titre d'illustration, nous réfléchirons sur la crise récurrente des organisations en Afrique noire contemporaine, en ayant pour objectif principal d'en cerner les principaux obstacles psychoculturels. Le dernier point, en guise de perspective de solution critique, sera réservé à notre plaidoyer en faveur de la rationalisation du monde vécu et du système social, autrement dit la révolution mentale et l'Etat de droit démocratique.

4.1. Le phénomène de l'organisation sociale

4.1.1. *L'organisation comme système complexe*

Du grec *οργανον* (organon : en latin *organum*, en français *orgue*, signifiant outil ou instrument de musique), on parle de l'organisation lorsqu'un groupe d'individus s'associent, « s'organisent », en vue de réaliser leurs fins. Qu'il s'agisse par exemple d'un mouvement de protestation qui naît quelque part et se structure pour obtenir réparation et audience, ou d'un groupe réuni autour d'un atelier ou encore un service administratif, ce sont autant de formes d'organisations sociales fondées sur un certain nombre de mécanismes et de processus par lesquels est instauré et assuré au jour le jour le minimum de coordination et d'ajustement entre les comportements sans lequel aucune action collective n'est possible[1].

Il faut reconnaître par ailleurs que l'organisation n'est pas une donnée naturelle, mais plutôt une élaboration, un construit social, c'est-à-dire « le résultat contingent et toujours provisoire de la construction d'un ordre local dont les caractéristiques relativement autonomes structurent la capacité d'action collective des intéressés. Ce résultat est à la fois contenant et contenu, structure et processus, contrainte pour l'action humaine en même temps que son

---

[1] E. FRIEDBERG, *Le pouvoir et la règle. Dynamiques de l'action organisée,* Paris, Seuil, 1993, p. 30.

résultat. Il est ce qui donne aux entreprises collectives leur durée et leur épaisseur. Son existence a des implications profondes à la fois pour la réflexion et pour l'action »[2].

L'organisation comprend l'ensemble des actions et des règles bien structurées, délimitées, stables, fixes et formalisées, qui représentent la permanence et la reproduction à l'identique. Et, en tant que telle, l'organisation présuppose une coalition d'hommes agissant contre la nature, face à des problèmes matériels pour la solution desquels ils sont obligés (ou ont décidé) de coopérer. Leurs actions relèvent du calcul, c'est-à-dire d'une rationalité instrumentale, disciplinée par des relations fins/moyens claires et explicites. La rationalité instrumentale suppose que l'on agit de manière stratégique, que l'on vise une fin rationnellement calculée, en ordonnant les moyens adéquats pour l'atteindre dans le but de satisfaire son intérêt personnel. C'est le genre d'activité rationnelle par rapport à une fin, dont parle Max Weber : « Agit rationnellement par rapport à une fin, celui qui oriente son action d'après les buts, les moyens et les conséquences annexes, et qui en même temps soupèse rationnellement tant les moyens par rapport aux fins que les fins par rapport aux effets connexes, et finalement, les différentes fins possibles les unes par rapport aux autres »[3].

L'action stratégique ou calculée s'accomplit au travers des attentes relatives au comportement d'objets du monde extérieur et au comportement d'autres hommes. Elle comporte des moyens et des fins, et elle vise l'efficacité et le succès de l'acte. En posant ces types d'actions, l'acteur est orienté vers un objectif à atteindre à travers des fins

---

[2] *Ibid.*, p. 11.

[3] Cf. J. HABERMAS, *Théorie de l'agir communicationnel, T.1. Rationalité de l'agir et rationalisation de la société*, Paris, Fayard, PUF, 1987, p. 182.

suffisamment précisées. Il choisit alors les moyens qui, dans la situation donnée, lui semblent appropriés. Il calcule au titre des conditions annexes du succès, d'autres conséquences prévisibles de son action. Le succès peut advenir par le fait d'une action souhaitée, ordonnée et finalisée, tout comme il peut être causé par une abstention. Entrent en ligne de compte des actions stratégiques ou finalisées les actions instrumentales qui s'appliquent non seulement sur le monde des choses, mais aussi sur le monde des humains[4].

L'action stratégique, en effet, suppose une relation de pouvoir sur la chose ou sur l'autre personne considérée pour un objet quand bien même les êtres humains restent toujours ouverts à d'autres types de relation d'échange, donc réciproque. Mais ils n'ignoreront pas que les termes de l'échange sont plus favorables à l'une des parties en présence. Le pouvoir qui sous-tend l'agir stratégique indique tout simplement que les rapports des acteurs (individuels et collectifs), par rapport aux problèmes qui les concernent ensemble, s'inscrivent dans un champ inégalitaire, structuré par des relations de pouvoir et de dépendance.

Ainsi donc, qui dit agir stratégique ou instrumental, dit rapport de force, rapport de pouvoir inégal dans lequel l'un peut tirer davantage que l'autre, mais en même temps, l'un n'est jamais totalement démuni face à l'autre. Car chacun peut toujours compter sur ses atouts individuels, autrement dit ses ressources de toutes sortes (individuelles, culturelles, économiques, sociales, etc.) et de forces de chacune des parties en présence, c'est-à-dire leurs possibilités d'action collective, dont un acteur peut disposer du fait de sa situation sociale globale et qui

---

[4] *Ibid.*, p. 295.

définissent le cadre temporel, spatial et social dans lequel sa stratégie devra à tout moment s'inscrire[5].

La connaissance des ressources de chacun, autrement dit de la situation sociale d'un acteur permet dans un premier temps à l'organisation de saisir les possibilités qu'a cet acteur de diversifier ses domaines d'investissement, c'est-à-dire de jouer sur plusieurs relations de pouvoir à la fois. Ensuite, elle permet de comprendre comment chacun d'eux peut appréhender et utiliser le facteur temps dans les relations de pouvoir, autrement dit sa capacité de se fixer un horizon temporel plus lointain dans une relation de pouvoir[6].

En fait, lorsqu'ils interagissent, les sujets d'une organisation se doivent de compter avant tout sur leurs atouts personnels, d'ordre individuel, culturel, politique, économique, social, etc. Nos deux spécialistes du système des organisations sociales, Crosier et Friedberg notent à cet effet : « Toutes les analyses un peu poussées de la vie réelle d'une organisation ont révélé à quel point les comportements humains pouvaient y demeurer complexes et combien ils échappaient au modèle simpliste d'une coordination mécanique ou d'un déterminisme simple. La raison première de cet écart entre la réalité et la théorie, c'est que, même dans les situations les plus extrêmes, l'homme garde toujours un minimum de liberté et qu'il ne peut s'empêcher de l'utiliser pour « battre le système »[7]. Et de renchérir : « Dans toutes les organisations non totalitaires au moins, les acteurs utilisent leur marge de liberté de façon si extensive qu'il n'est pas possible de

---

[5] M. CROSIER – E. FRIEDBERG, *L'acteur et le système. Les contraintes de l'action collective*, Paris, Seuil, 1977, p. 69.
[6] *Ibid.*, p. 74-75.
[7] *Ibid.*, p. 41-42.

considérer leurs arrangements particuliers comme de simples exceptions au modèle rationnel »[8].

Quand bien même dans cette relation de pouvoir on ne peut exclure d'office la dimension relationnelle, fondée sur la reconnaissance mutuelle, c'est-à-dire l'ouverture à la négociation et à l'échange, force est de reconnaître le risque de déséquilibre qu'il y a toujours lorsque l'une de deux parties en présence n'a plus aucune ressource à engager une relation, n'a donc plus rien à échanger et par conséquent ne peut plus entrer dans une relation de pouvoir à proprement parler. « En d'autres termes, si B ne peut plus marchander sa volonté de faire ce que A lui demande, il ne peut plus y avoir de relation de pouvoir entre les deux, car B cesse alors d'exister en tant qu'acteur autonome face à A, pour ne devenir qu'une chose. Si A et B ont les mêmes atouts et que donc l'échange est égal, il n'y a pas de raison de considérer que l'une des personnes se trouve en situation de pouvoir à l'égard des autres »[9]. Le fait est là. Devant une même relation de pouvoir en tant que capacité d'action, les différents acteurs n'ont pas les mêmes possibilités alternatives ni les mêmes horizons temporels de mesurer leur engagement, de les ajuster et donc de limiter le risque de perdre que comporte toute relation de pouvoir. Du fait de leur situation sociale, les acteurs n'ont pas les mêmes « capacités stratégiques »[10].

En un mot, la théorie sociologique des organisations met en évidence une asymétrie des rapports entre les sujets d'une interaction, car les acteurs ne sont jamais égaux devant les incertitudes pertinentes qui conditionnent la solution d'un problème. Seront dominants les acteurs qui auront été capables à la fois d'imposer une certaine définition des problèmes à résoudre (et donc des

---

[8] *Ibid.*, p. 43.
[9] *Ibid.*, p. 68.
[10] *Ibid.*, p. 76.

incertitudes pertinentes) et d'affirmer leur maîtrise au moins partielle sur ces incertitudes[11].

C'est d'ailleurs à la faveur de l'argument stratégique qu'un certain nombre de critiques de l'éthique de la discussion remettent en cause l'universalité du principe de la discussion devant conduire à l'accord ou le consensus. La critique tient au fait que les procès ordinaires de l'interaction sociale ne sont pas en réalité médiatisés par une volonté de vérité ni même par une référence à la vérité. Cela veut dire que toute interaction humaine n'est jamais purement communicationnelle. Au contraire, les relations humaines sont toujours, pour ne pas dire à cent pour cent, stratégiques. Cela se vérifie notamment dans les cas de négociation politique débouchant sur des désaccords. Loin de s'orienter vers la recherche coopérative de la vérité, les partenaires sont plutôt portés par des intérêts stratégiques à faire valoir, qu'ils dissimulent par des arguments purement rhétoriques et stratégiques. De ce point de vue empirique, il y a lieu de conclure que le principe de la discussion n'est pas absolument pertinent pour expliquer la réalité sociale. En lieu et place de la vérité et de la justice, c'est plutôt la force de l'argumentation qui l'emporte, car la force proprement politique de la "délibération" n'est pas faite vraiment de la même étoffe rationnelle qu'une discussion argumentée à l'horizon de la validité[12]. Néanmoins, il faut bien préciser que l'universalisme de l'éthique de la discussion s'enracine dans la normativité des règles générales de l'action rationnelle, en tant qu'elles permettent de soustraire les interactions sociales, si pas totalement, du moins en grande partie de l'arbitraire.

---

[11] E. FRIEDBERG, *Le pouvoir et la règle,* p. 250.

[12] J-M. FERRY, « La philosophie moderne face à la société moderne : La reconstruction habermassienne », in *Les Cahiers de philosophie : « Habermas. L'activité communicationnelle* », n°3 (1987), p. 29-30.

Quoi qu'il en soit, l'objectivité ou la rationalité de l'action organisée résulte principalement des règles communes qui sous-tendent l'organisation en tant que telle, indépendamment des apports personnels des acteurs. D'où l'intérêt stratégique de la réglementation. Celle-ci comporte plus au moins trois avantages principaux dans le système des actions organisées : le libre déploiement des capacités personnelles, l'efficacité de l'action collective et l'évitement du conflit.

D'abord le fait de s'accorder aux règles communes de l'action permet à tous les membres de déployer librement leur pouvoir d'action dans un espace potentiellement concurrentiel, celui de l'agir stratégique où l'expertise est très souvent recherchée, même si en vérité l'expert ne réussit qu'en collaboration avec les autres, moyennant la qualité des ressources matérielles et humaines à sa disposition. « L'expert est le seul qui dispose du savoir-faire, des connaissances, de l'expérience du contexte qui lui permettent de résoudre certains problèmes cruciaux pour l'organisation. Sa position est donc bien meilleure dans la négociation aussi bien avec l'organisation qu'avec ses collègues. Du moment que de son intervention dépend la bonne marche d'une activité, d'un secteur, d'une fonction très importante pour l'organisation, il pourra la négocier contre des avantages ou des privilèges. Le mécanisme est bien connu et on ne lui voit guère d'exception »[13].

Ensuite, contre l'arbitraire et l'aléatoire, la réglementation permet l'orientation, la poursuite et la réalisation des objectifs préalablement définis. « En définissant des secteurs où l'action est plus prévisible que dans d'autres, en mettant sur pied des procédés plus ou moins faciles à maîtriser, elles (structures et règles) créent

---

[13] M. CROSIER – E. FRIEDBERG, *op. cit.*, p. 84-85.

et circonscrivent des zones d'incertitude organisationnelles que les individus ou les groupes tenteront de contrôler pour les utiliser dans la poursuite de leurs propres stratégies, et autour desquelles se créeront donc des relations de pouvoir »[14].

Enfin, les règles permettent à l'organisation de mieux orienter le déroulement des relations de pouvoir : « Par son organigramme et par sa réglementation intérieure, elle (l'organisation) contraint la liberté d'action des individus et des groupes en son sein et, de ce fait, conditionne profondément l'orientation et le contenu de leurs stratégies. Par ce biais, elle réintroduit un minimum de prévisibilité dans le comportement de chacun, et ceci de deux façons. D'un côté, l'organisation affecte la capacité de jouer de ses membres en déterminant les atouts que chacun peut utiliser dans les relations de pouvoir. De l'autre, elle conditionne leur volonté de réellement se servir de ces atouts dans la poursuite de leurs stratégies, en fixant les *enjeux*, c'est-à-dire ce que chacun peut espérer gagner ou risque de perdre en engageant ses ressources dans une relation de pouvoir »[15].

Il faut toutefois reconnaître l'ambivalence des règles qui constituent les systèmes d'action organisée. D'un côté, les règles correspondent à des contraintes, ce qui fait que les gens redoutent beaucoup de règles ou ne les aiment pas assez ; de l'autre côté, les règles protègent contre les abus du pouvoir des uns et des autres. Les membres d'une organisation sociale expriment d'ailleurs cette ambivalence par des comportements eux aussi ambivalents, faits tantôt de tentatives d'évasion (on cherche à contourner la règle), tantôt de repli défensif (on utilise la règle comme protection contre des tentatives d'influence d'autrui), ce qui revient à chercher non pas à

---

[14] *Ibid.*, p. 78.
[15] *Ibid.*, p. 79-80.

contourner la règle, mais au contraire à mettre en avant les prescriptions pour combattre les tentatives de contournement des autres et pour les obliger à « respecter la règle »[16].

La preuve de l'ambivalence des règles est donnée dans les négociations et marchandages qui ont lieu autour de l'application de la règle. Comme le notent pertinemment bien les auteurs de *L'acteur et le système*, en général, il est admis que la règle est un moyen aux mains du supérieur pour obtenir un comportement conforme de la part de ses subordonnés. En prescrivant de façon précise ce que ceux-ci doivent faire, la règle réduit leur marge de liberté et augmente donc le pouvoir du supérieur. Mais, dans la même mesure, tout en restreignant bien la liberté des subordonnés, la règle en fait autant pour la marge d'arbitraire du supérieur. « Celui-ci ne peut plus exercer son pouvoir de sanction, par exemple, que dans des circonstances bien précises. Du même coup, la règle devient un moyen de protection pour les subordonnés, qui peuvent se réfugier derrière elle contre l'arbitraire de leur supérieur. S'ils savent appliquer la règle, le supérieur sera démuni à leur égard. Comme, normalement, pour la bonne marche d'un service il faut faire plus que ce qui est prescrit par la règle, comme, d'autre part, le supérieur est lui-même jugé sur les résultats de son service, il se trouve en fait en position de faiblesse. Car il n'a aucun moyen pour obtenir de ses subordonnés qu'ils fassent plus que ce que demande la règle »[17].

---

[16] E. FRIEDBERG, *op. cit.*, p. 170.

[17] Il existe certes d'autres scénarios possibles. Pour rétablir la situation, la plupart du temps, le supérieur disposera de plusieurs règles. Soit, il va tout simplement tolérer que ses subordonnés dérogent à certaines d'entre elles de telle sorte qu'il dispose d'un moyen de chantage à leur égard ; soit il fera peser sur eux la menace de suspendre sa tolérance, de recommencer à appliquer strictement

4.1.2. *Le conflit d'intérêts et le rapport de force*

Dans la mesure où l'organisation sociale met en relation des sujets humains, il va de soi que la satisfaction de leurs besoins individuels et collectifs constitue en même temps un véritable problème de l'action collective. Car, comme l'attestent les auteurs de *L'acteur et le système,* « nos modes d'action collective ne sont pas des données "naturelles" qui surgiraient en quelque sorte spontanément et dont l'existence irait de soi. Ils ne sont pas le résultat automatique du développement des interactions humaines, d'une sorte de dynamique spontanée qui porterait les hommes en tant qu'"êtres sociaux" à s'unir, à se grouper, à s'"organiser". Ils ne sont pas davantage la conséquence logique et déterminée d'avance de la "structure objective" des problèmes à résoudre, c'est-à-dire de la somme des déterminations extérieures que l'"état des forces productives", le "stade de développement technique et économique" feraient peser sur les hommes. Ils ne constituent rien d'autre que des solutions toujours spécifiques, que des acteurs relativement autonomes, avec leurs ressources et capacités particulières, ont créées, inventées, instituées pour résoudre les problèmes posés par l'action collective et, notamment, le plus fondamental de ceux-ci, celui de leur coopération en vue de l'accomplissement, d'objets communs, malgré leurs orientations divergentes »[18].

En fait, le concept d'« intérêt » englobe tous les mobiles imaginables et n'en exclut aucun *a priori,* qui

---

toutes les règles existantes et inciter ses subordonnés à un effort particulier là où cela lui semble nécessaire. Mais il sait qu'il ne peut aller trop loin, car alors les subordonnés, le prenant au mot, c'est-à-dire prenant les règles à la lettre, les retourneront contre lui en se retranchant derrière elles (Cf. M. CROSIER – E. FRIEDBERG, *op. cit.,* p. 89).

[18] *Ibid.,* p. 15-16.

entrent en jeu dans le processus de délibération qui précède l'action. Car, comme l'explique Erhard Friedberg, « les intérêts des acteurs pas plus que leur rationalité ne peuvent être définis indépendamment de la situation d'interaction. Tout ce qu'on sait, c'est que, dans leur action, les hommes se préoccupent des conséquences de leurs actes, du moins de ceux dont les conséquences ne sont pas trop distantes, et poursuivent ce qu'ils considèrent (à tort ou à raison) leurs intérêts ou du moins, sauf cas exceptionnel, n'agissent pas contre eux »[19].

Qu'on ne se méprenne pas. Lorsqu'on impute aux acteurs des intérêts, c'est-à-dire des calculs et des capacités d'ajustement et/ou d'anticipation, cela ne signifie donc pas que l'on suppose chez eux une lucidité parfaite et l'existence de préférences claires, stables et définies *ex ante*, ni que l'on réduise leurs comportements à des visées purement instrumentales ou qu'on leur applique une grille utilitariste simple. Cela revient à considérer l'action humaine comme intéressée, c'est-à-dire motivée par une visée, sans préciser davantage la nature de cette visée ou de ce mobile[20].

On peut considérer deux niveaux importants de justification des intérêts personnels. D'une part, chaque individu enracine la source de ses intérêts dans son histoire personnelle, dans les processus d'apprentissage qu'il a traversés dans sa famille, à l'école ou au cours de sa vie professionnelle et dans lesquels elle a pu acquérir des capacités cognitives et relationnelles qui conditionnent tant sa perception de la situation que sa capacité à y ajuster ses comportements. D'autre part, ce sont les contraintes et les opportunités de la situation présente, liée à la participation de la personne à des jeux structurés et à la structure d'interdépendance sous-jacente. Cette situation

---

[19] E. FRIEDBERG, *op. cit.*, p. 214-215.
[20] *Ibid.*, p. 214.

présente d'interdépendance oblige souvent les acteurs, s'ils veulent gagner leur projet, à éventuellement tricher avec leurs principes, à enfreindre telle ou telle règle, bref à diversifier, redéfinir, enrichir et modifier les critères de satisfaction, c'est-à-dire de rationalité, que leur passé leur a légués[21].

Bien entendu, la prise en compte de l'influence considérable des intérêts individuels dans la dynamique des actions organisées ne fait que corroborer l'hypothèse de la rationalité limitée. Car si les hommes se mettent au service de la société, par leur travail et les diverses formes d'organisation, ils s'attendent en retour à ce que la société réponde à leurs besoins qui du reste ne sont pas toujours les mêmes pour tous, qu'il s'agisse de la nourriture, du logement, des soins de santé, etc. D'où la reconnaissance du pouvoir des acteurs, c'est-à-dire leur marge de liberté, leur capacité à « choisir » leur conduite en fonction des considérations d'opportunité parmi un éventail plus ou moins large de conduites possibles[22].

Le pouvoir des acteurs, en effet, même dans les contextes d'action très structurés, conduit forcément à prendre en compte la dimension politique de l'interaction humaine, si nous entendons par « politique » tous les phénomènes qu'on associe habituellement à l'action dans le champ politique, comme sous-tendue par des intérêts, par des intentions, voire par des stratégies, plus ou moins conscients, qui génèrent des rapports de force et qui s'ajustent par des négociations et par des marchandages, et la question de la légitimité y tient une place centrale[23].

En fin de compte, le conflit d'intérêts qui oppose les acteurs sociaux réunis dans le cadre de l'organisation des actions rend compte du caractère on ne peut plus

---

[21] *Ibid.*

[22] *Ibid.,* p. 15-16.

[23] *Ibid.,* p. 16-17.

déficitaire de la rationalité humaine, de l'interdépendance et de la légitimité des relations interpersonnelles.

a) Le *«déficit» de rationalité* met en évidence le fait que la rationalité limitée infuse tout, les comportements humains au jour le jour tout autant que les dispositifs matériels, les règles, les procédures et les structures qui sont censés les canaliser, les "rationaliser", les réguler et les articuler à des objectifs collectifs : « Les uns et les autres sont logés à la même enseigne, explique E. Friedberg : puisqu'ils sont le produit de l'action humaine, ils ne peuvent prétendre à une rationalité supérieure aux comportements qui leur ont donné naissance. Leur rationalité est donc elle aussi irréductiblement limitée, c'est-à-dire qu'elle est le produit d'un mélange complexe d'affectivité, de routines apprises et intériorisées par socialisation, de considérations morales et éthiques, et de stratégies et calculs instrumentaux »[24].

b) Le *« déficit » d'interdépendance* résulte de l'omniprésence de liens faibles (*loose-coupling*) dans les organisations : les liens qui relient les membres d'une organisation n'ont pas tous, loin s'en faut, ni la même intensité, ni la même fréquence, ni bien entendu la même importance. Il n'y a en la matière aucune homogénéité ni fluidité, mais au contraire hétérogénéité et discontinuité, voire rupture. Aucune causalité linéaire et homogène ne relie les éléments d'un champ, ce qui complique notablement l'attribution des causes aux effets et vice versa. Cela d'autant plus que, dans leur tentative de protéger, voire d'augmenter leur autonomie et leur capacité d'action, tous les participants d'une organisation cherchent naturellement à limiter par tous les moyens leur dépendance à l'égard des autres en

---

[24] *Ibid.*, p. 107.

"découplant" autant que possible leur fonction ou leur tâche de celle des autres[25].

c) Le *« déficit » de légitimité* concerne la légitimité et la validité limitées de tous les objectifs et buts englobants de l'action. « D'une part, les normes, valeurs et registres de justification sur lesquels s'appuient ces objectifs et ces buts ne suffisent pas pour structurer complètement les comportements et les interactions des participants. D'autre part, ne pouvant prétendre à une valeur générale et universelle, ils sont toujours relativisés par le développement d'intérêts, de valeurs et de systèmes de justification partiels et locaux, voire ouvertement "factionnels" : [...] Les organisations sont des montages complexes de plusieurs "mondes" et reposent sur des principes de légitimité relevant de plusieurs "cités" [...]. On n'est jamais en présence de mesures/règles/structures tirant leur légitimité de considérations techniques uniquement : s'y mêlent toujours aussi des considérations d'opportunité "politique", au sens de la gestion des rapports de pouvoir et d'accommodement des compromis nécessaires entre des logiques d'action et des registres de justification »[26].

Prenant en compte l'ensemble de ces déficits de l'action humaine, l'approche sociologique des organisations nous conduit naturellement à considérer le fait que les membres d'une organisation sont en tout et pour tout des êtres actifs, c'est-à-dire que l'homme n'absorbe pas passivement le contexte qui l'entoure. Tout en étant structuré par ce contexte auquel il s'adapte en endossant les règles, l'homme est aussi capable de modifier et/ou de contourner les règles par son action. Et c'est d'autant plus que les sujets

---

[25] *Ibid.*, p. 108.
[26] *Ibid.*

organisés sont toujours et en même temps des acteurs empiriques, des acteurs humains, des acteurs calculateurs et intéressés, nourris en d'autres termes d'un utilitarisme méthodologique, pour employer l'expression de Friedberg.

Et, affirmer que les sujets d'une organisation sociale sont des acteurs empiriques signifie qu'ils sont incontestablement des sujets historiques dont on peut montrer que leur comportement contribue à la structuration du champ des actions organisées. Ils sont des sujets concrets du fait de leur appartenance au contexte d'action. En d'autres mots, ce sont des agents qui ne se limitent pas, dans l'exercice de leurs capacités aux seules fonctions qui leur sont assignées dans le système. Lorsqu'ils agissent, ils sont toujours capables de dépasser, de déborder leurs assignations ou leurs « rôles ». Ainsi donc, participer à la régulation d'un système, c'est toujours à la fois respecter des « règles du jeu » et les enfreindre, donc contribuer à la fois à leur maintien et à leur changement. Un «agent de la régulation du système » qui ne serait pas acteur cela n'existe pas. […]. L'action d'un acteur empirique ne peut jamais être réduite à sa dimension instrumentale et utilitariste, même si elle l'inclut toujours »[27].

Ils sont également des acteurs humains dans ce sens que les membres d'une organisation ne sont pas moins des acteurs stratégiques, calculateurs et intéressés : « C'est parce qu'ils sont humains que les acteurs/agents dont il est question ici sont capables de choix, c'est-à-dire d'une rationalité et d'un calcul. Ils sont doués de ce que Michel Crozier (1990) a appelé un «instinct stratégique», ce qui signifie que leurs conduites ne renvoient pas exclusivement à leur socialisation passée, mais également à la perception qu'ils ont des

[27] *Ibid.*, p. 200-201.

opportunités et des contraintes de leur contexte d'action, aux anticipations qu'ils formulent plus ou moins intuitivement sur les conduites de leurs partenaires/adversaires dans le jeu, et à leurs calculs qui se fondent sur la vision que les uns et les autres ont de leurs intérêts respectifs à plus ou moins long terme »[28].

4.2. La crise des organisations en Afrique hier et aujourd'hui

Allons en quelque sorte à la recherche des causes profondes, mais souvent banalisées de la crise récurrente des organisations en Afrique noire contemporaine. Nous pouvons citer entre autres : la réduction du pouvoir à la force, l'instrumentalisation du dialogue comme palabre et l'auto-marginalisation du peuple. Ce sont malheureusement autant d'écueils psychoculturels non négligeables dans les interactions sociales.

4.2.1. *La réduction du pouvoir à la force*

Comme nous avons déjà eu l'occasion de l'évoquer, dans sa *Philosophie bantoue*, le Révérend Père Placide Tempels, alors missionnaire au Congo belge, avait mis en exergue le fait que, dans la vision du monde des peuples noirs d'Afrique, la force constituait la principale catégorie de l'être. Il écrivait à ce propos : « Je crois rendre le plus fidèlement possible la pensée bantoue en langage européen, en disant que les Bantous parlent, agissent, vivent, comme si pour eux les êtres *étaient* des forces. La force n'est pas pour eux une réalité adventice accidentelle, la force est même plus qu'un attribut nécessaire de l'être : *La force c'est l'être, l'être est la force* »[29].

---

[28] *Ibid.*, p. 210.
[29] P. TEMPELS, *La philosophie bantoue, op. cit.*, p. 12-13.

La force dont il est question chez l'homme, c'est la force vitale, la force spirituelle qui se cache derrière les apparences perceptibles de l'être et qui, à la mort, quitte les vivants[30]. Tempels martèle : « Les bantous, voient dans l'homme LA force vivante; la force ou l'être qui possède la vie vraie, pleine et élevée. L'homme est la force suprême, la plus puissante parmi les autres êtres créés. Il domine les animaux, les plantes et les minéraux. Ces êtres inférieurs n'existent, par la prédestination divine, que pour l'assistance de l'être créé supérieur, l'homme »[31].

Certes, les critiques de Tempels n'ont pas manqué de récuser la validité universelle de son hypothèse selon laquelle la force serait la catégorie fondamentale de l'imaginaire africain. D'après Franz Crahay, alors professeur à l'Université Lovanium de Kinshasa, le principe de la force postule l'hypothèse d'un monde insupportable, violent, qui serait totalement structuré par la force, où tout serait "force", un monde qui ne pourrait que rendre impossible la communication en profondeur avec le reste de l'humanité[32].

Sur le plan pratique, n'en déplaise aux critiques de Tempels, on peut dire que la crise récurrente et multiforme des sociétés africaines contemporaines résulte dans une large mesure du déploiement et de l'extension de la force des uns sur les autres, c'est-à-dire des puissants sur les faibles. On peut parler dans ce cas de la réduction du pouvoir à la force. Il s'agit concrètement du fait de s'imposer sur l'autre dans une interaction sociale moins par la mise en valeur de ses compétences que par la contrainte et la soumission. Des exemples sont tellement nombreux et patents pour ne pas les citer. Contentons-

---

[30] *Ibid.,* p. 13.
[31] *Ibid.,* p. 25.
[32] F. CRAHAY, cité par J-M. VAN PARYS, *Une approche simple de la philosophie africaine,* p. 51-52

nous d'en reconstituer la genèse en remontant à l'histoire de la conception erronée du « *je* » comme « chef », c'est-à-dire celui qui soumet tout le monde à son autorité, commande absolument et capitalise ses services.

a) L'idée du « je » comme maître-souverain en Afrique traditionnelle

Une conception erronée de soi comme « chef », en référence au pouvoir du chef traditionnel africain, pourrait être source de toutes sortes de dérive autoritaire dans les rapports sociaux. Certes, idéalement, le chef traditionnel africain était considéré comme le « père » de la famille, c'est-à-dire le responsable de toute la collectivité. C'est ce que le professeur Lokengo Antshuka essaie d'affirmer en recourant à la manière dont les peuples de Nkole, en République Démocratique du Congo, considèrent « *Isendjei* » ou « *Nkumisendjei* », dont l'étymologie *Ise* ou *Ishe*, veut dire « père de » et *ndjei*, « multitude », c'est-à-dire, par extension, « le père des nations »[33], dont la principale mission sociale était de rassembler le peuple, de garantir l'ordre public, la paix et la réconciliation de tous les citoyens. Dès lors, le chef traditionnel africain se devait de rester toujours en contact avec le peuple, à s'instruire directement de ses doléances, à prendre à tout prix la température politique et sociale.

Ainsi compris, le pouvoir du chef traditionnel africain excluait par principe la domination, c'est-à-dire l'usage de la force et de la violence. D'ailleurs, en Afrique traditionnelle, il était possible d'avoir des rois qui pouvaient régner sans gouverner, tel le « "chef taciturne" qui n'ouvrait sa bouche qu'en dernier ressort pour relayer et confirmer les avis émis par les délégués du peuple, étant

---

[33] LOKENGO ANTSHUKA NGONGA, *Consensus politique et gestion démocratique du pouvoir en Afrique,* Louvain-la-Neuve, Academia-L'Harmattan, 2015, p. 145.

donné qu'il n'était en fait qu'un serviteur parce qu'il ne devrait agir assez souvent que comme un exécutant, le héraut chargé de proclamer, de rendre publiques les volontés du collège des sages, parfois contraires à la sienne. Il était le porte-parole des conseillers qui représentaient le peuple dont il était symboliquement ou effectivement le maître »[34].

Par contre, il y a lieu de considérer la structure monarchique du pouvoir traditionnel africain comme source de domination potentielle du chef. Car, le chef traditionnel, *Isendjei*, concentrait entre ses mains tous les pouvoirs liés à l'exécutif, au judiciaire et au législatif.

- En tant qu'*organe exécutif*, *Isendjei* avait pour mission d'assurer la tranquillité et la sécurité publique. De façon générale et quelle que soit la situation, le chef traditionnel africain jouait le rôle d'aiguilleur du peuple. En temps de paix, il avait un fonctionnement libéral. Il applique la règle de subsidiarité et ne s'occupe que du strict minimum : il laisse les gens agir et vaquer à leurs occupations quotidiennes, sans trop s'en mêler. Il se contente de prodiguer des conseils, de rappeler les règles coutumières de convivialité, de morale, d'hygiène, de sécurité, etc. Il était aidé dans cette tâche par les dignitaires de sa Cour, même si en définitive c'est lui-même qui devrait s'assurer le gouvernement de l'Etat et de ses institutions[35].

- En tant qu'*organe judiciaire*, la mission d'*Isendjei* consistait à maintenir la justice et la paix sociale. Le chef traditionnel était le plus souvent amené à statuer comme conseil judiciaire suprême, ayant une compétence générale et universelle. Il peut connaître tous les litiges et entendre tout le monde.

---

[34] *Ibid.,* p. 118.
[35] *Ibid.,* p.116.

- En tant qu'*organe législatif*, *Isendjei* se réunit en Conseil législatif pour promulguer ou édicter des normes contraignantes. Le recours à cette instance ou chambre est plutôt rare, sauf dans le cas d'une situation grave, au point que le chef avait le droit d'ôter à quelqu'un, et jusqu'aux membres de sa famille, le droit d'exister comme citoyen à part entière. Autrement dit, il avait le pouvoir de décider de la vie ou de la mort de certains de ses citoyens[36].

La preuve que la conception du pouvoir du chef traditionnel africain pouvait induire l'idée de la domination par la force se trouve illustrée par des cas tels que le principe de l'empire Songhay dont on dit par exemple de son règne que ses crachats n'avaient pas le temps de tomber à terre, car ils étaient aussitôt recueillis dans les manches d'un des sept cents hommes qui se tenaient derrière lui. Tous ceux qui arrivaient et se présentaient à lui devaient se découvrir, se prosterner et se couvrir la tête de poussière ou de farine[37]. Il en est de même de Chaka, El Hadj Omar ou Samory qui étaient des souverains puissants, et parfois impitoyables, à la tête des royaumes et empires africains, même si leur pouvoir semble avoir été timide, comparativement au pouvoir absolu du colonisateur[38], explique Moussa Konate.

b) L'idée du « je » comme commandant à l'époque coloniale

L'idée du « je » comme celui qui commande tout le monde pourrait être liée à une certaine appropriation du pouvoir colonial. Contentons-nous à ce propos du lien que Moussa Konate établit entre la colonisation et le néocolonialisme : « A Berlin, de novembre 1884 à février 1885, les puissances coloniales se partagèrent le continent

---

[36] *Ibid.*, p. 146-148.
[37] *Ibid.*, p. 119.
[38]MOUSSA KONATE, *L'Afrique Noire est-elle maudite ?*, p. 82.

noir, sans se soucier des territoires ni différentes ethnies et tribus. L'Afrique devait être gouvernable et, pour cela, se modeler à l'occidentale. A la fois souverain, procureur, juge, percepteur et garde-chiourme, n'hésitant pas à user du fouet, l'administrateur colonial s'était approprié un continent dont il entendait tirer le plus grand profit. Ainsi, c'est avec stupéfaction que les Africains ont vu s'installer un pouvoir absolu inédit : l'administrateur blanc était à la fois souverain, procureur, juge, percepteur, parfois même garde-chiourme - usant du fouet, même contre les vieilles personnes, quand il le jugeait nécessaire -, un maître d'esclaves qui se faisait transporter en hamac lors de ses tournées et buvait de l'alcool sans retenue »[39].

Il en est de même aujourd'hui en ce qui concerne les nouveaux commandants de l'Afrique postcoloniale : « Les pouvoirs africains nés de luttes de libération n'avaient d'autre modèle récent que celui du commandant blanc ou du "camarade secrétaire général du parti communiste". Quoi d'étonnant, dès lors, à ce que ces pouvoirs africains modernes, formés et soutenus par les anciennes puissances coloniales, se soient comportés à leur image ? On ne peut prétendre que la colonisation a importé le pouvoir absolu en Afrique, mais on peut affirmer sans risque de se tromper que l'Europe n'a pas su montrer aux Africains la voie des Lumières, encore moins celle de la démocratie »[40].

c) *L'idée du « je » comme patron à l'âge du capitalisme*

Après la colonisation, l'image du chef comme patron semble s'imposer dans le système des organisations sociales africaines. Le chef-patron est perçu d'emblée comme celui qui a le pouvoir de « renforcer »

---

[39] *Ibid.*, p. 83.
[40] *Ibid.*

matériellement les autres, c'est-à-dire d'enrichir. En réalité, c'est plutôt l'argent qui se trouve érigé en force de l'action qui vise la réussite individuelle. Malheureusement, tous les moyens se justifient pour gagner l'argent et prétendre gagner sa vie non pas nécessairement par la force de l'intelligence et de la vertu. Il s'ensuit le clientélisme et surtout la banalisation de la corruption dans la plupart des entreprises et interactions sociales.

La corruption, en effet, malgré la répugnance morale que nous lui réservons, constitue l'un des fléaux les plus graves de la vie sociale en Afrique noire, surtout quand nous savons qu'elle n'épargne pas les milieux universitaires. Pour n'évoquer qu'un exemple parmi les plus traumatiques, le professeur Léon Matangila, de l'Université de Kinshasa, décrit sans honte comment la pratique de la corruption tend à devenir systémique dans la formation universitaire en République Démocratique du Congo. D'entrée de jeu, l'auteur note que les jeunes universitaires ne sont plus formés à l'effort, mais à la facilité et à l'oisiveté. Car tout se trafique pour réussir ses études, de la préparation des examens à celle du passage de classes en passant par la délibération. Ce sont plutôt les antivaleurs qui marquent chacune de ces étapes, en termes des *"coopes"*, c'est-à-dire des coopérations, pour dire autrement les diverses formes de corruption : tricherie, vol, débauche, prostitution. Dans ce contexte, pour réussir les examens écrits dont on attend tendancieusement des étudiants qu'ils soient capables de reproduire exactement le contenu de la réponse, ces derniers sont obligés avant tout d'acheter les syllabus mis en vente par les professeurs dans le but de se procurer de l'argent. Ensuite l'étudiant doit savoir comment négocier ou « coopérer » avec l'enseignant, c'est-à-dire « soit pour savoir à l'avance les questions et les réponses, soit pour tricher. Ainsi, la réussite des examens dépend non seulement de la capacité de restituer à l'identique ce qu'on a appris par cœur, mais aussi de la manière dont on a coopéré et de son aptitude à la tricherie »[41].

« Après les examens, continue-t-il, vient la période du "suivi". Elle consiste à courir derrière les professeurs, notamment par la médiation de leurs proches ou leurs assistants, pour tenter de les corrompre sous toutes les formes. Souvent on dresse la liste de tous ceux qui ont participé à la "cotisation". On en tient compte lors des corrections et la réussite en dépend. Il faut saisir le plus de professeurs possible. Certains professeurs ne corrigent même pas les copies des examens. D'autres le font faire par des tierces personnes. Ainsi dans ce contexte, la délibération devient une simple formalité souvent au détriment des pauvres et de ceux qui n'ont pu corrompre »[42].

Il en est de même de la deuxième session où doit se doubler le degré de "coopération" de l'étudiant : « C'est la session de la dernière chance, presque une formalité. C'est une dernière occasion donnée à tous ceux qui n'avaient pas "bougé" lors de la première. Le jeu consiste à faire échouer le plus grand nombre possible d'étudiants à la première session pour les obliger à une meilleure "participation" pour ne pas dire corruption à la seconde. Les étudiants savent que les études et la vie universitaire coûtent très cher, que les années sont élastiques et incertaines, suite à l'instabilité politique, aux grèves et aux fermetures. La reprise des cours serait donc dommageable et allongerait inutilement les corvées. Aussi, nul n'a besoin de vieillir

---

[41] L. MATANGILA MUSADILA, cité par E. BONGELI YEIKELO YA ATO, *Education en République Démocratique du Congo*, p. 246.
[42] *Ibid.*

davantage sur les bancs de l'école pour ainsi entrer dans la vie très tard[43].

Pour devoir corriger l'ensemble de ces erreurs relatives à la conception du « je » comme capable de …, il sied de repenser la notion du responsable dont l'image concrète au sein de l'organisation s'apparente à la notion du « chef » qui, de son étymologie « chieef », la tête, le mot « chef » désigne celui qui est à la tête de quelque chose, le fondateur d'une institution.

Pour les Grecs, le verbe *arkhein* signifie d'une part « commencer », « initier », ou encore « entreprendre », et d'autre part « commander ». Dans son premier sens, l'action n'est pas scindée : elle comporte d'abord le moment de l'entreprise puis celui de l'achèvement. Le "chef" est alors celui qui initie l'action à laquelle collaborent les autres. Dans le second sens, l'action s'est en quelque sorte brisée en dualité : il y a ceux qui commandent (les dominants) et ceux qui obéissent (les dominés)[44].

D'après G. Courtois, auteur de *L'art d'être chef,* le mot chef désigne métaphoriquement « *celui qui est à la tête*, ou mieux encore, *celui qui est la tête*. C'est la tête qui voit, c'est la tête qui pense, c'est la tête qui fait agir dans l'intérêt bien compris du corps tout entier. Le chef n'est pas seulement celui qui sait, qui veut, qui réalise, mais aussi celui qui fait savoir, qui fait vouloir, qui fait réaliser. Le chef, c'est celui qui, sachant ce qu'il veut, sait aussi proportionner l'effort à l'effet qu'il veut obtenir. On n'est chef que dans la mesure où l'on est capable de faire partager à un groupe quelconque l'idéal dont on vit, pour l'amener à le réaliser malgré tous les obstacles. […] Comprenons bien le sens et la grandeur du nom chef. Le

---

[43] *Ibid.*

[44] M. REVAULT D'ALLONNES, *Pourquoi nous n'aimons pas la démocratie*, Paris, Seuil, 2010, p. 111.

chef, c'est celui qui sait à la fois se faire obéir et se faire aimer. Ce n'est pas celui qu'on impose, c'est celui qui s'impose. Pour commander aux hommes, il faut savoir se donner »[45].

4.2.2. *L'instrumentalisation du dialogue comme palabre*

L'instrumentalisation et le nivellement par le bas de la plupart des discussions publiques, surtout dans la sphère politique nationale, nous obligent à reconsidérer la prétendue tradition du dialogue en Afrique. Car il faut distinguer le vrai dialogue du faux.

Certes, la tradition africaine, orale par définition, promeut le dialogue social, communément appelé la palabre africaine, comme moyen par excellence de traiter et de résoudre les conflits sociaux. Or, comme nous allons le voir, ce moyen traditionnel de traitement public des conflits sociaux se présente à certains égards comme un exutoire populaire et un outil de pouvoir public qui ne prend pas forcément en compte les présuppositions rationnelles et éthiques universelles du dialogue authentique. Lorsque la palabre sous l'arbre s'apparente au dialogue stratégique, elle a beau résoudre ponctuellement un problème sociétal, tels les conflits interpersonnels, nous devons la considérer plutôt comme un tribunal qui connaît des procès, mais ne réunit pas encore toutes les présuppositions du dialogue authentique.

Après avoir mis en exergue le caractère stratégique de la palabre africaine, bien que légitime, nous indiquerons les limites de toutes négociations qui se passent des contraintes normatives universelles du vrai dialogue comme l'éthique de la discussion nous les présente.

---

[45] Cf. G. COURTOIS, *L'art d'être chef,* Fleurus, 1953, in www.ethicpedia.org (2009).

a) De la palabre africaine à l'instrumentalisation du dialogue

Contrairement aux idées reçues, la palabre africaine, que ce soit sous l'arbre ou sous la case, ne se réduit pas à une chaîne sans fin de discussion longue, vague et oiseuse, qui n'aboutit à rien de positif. D'après Lokengo Antshuka, auteur de *Consensus politique et gestion démocratique du pouvoir en Afrique,* la palabre africaine est une véritable institution sociale à laquelle participait la population d'un village, ou leurs représentants, afin de régler un contentieux qui oppose différentes parties en conflit, mais sans que les protagonistes ne soient lésés. Le « Récit de la palabre de la Poule et du Renard » (Tshambi *dje Nkoko nya Ndjudji*) qu'il présente dans son livre en est une illustration[46].

> Un soir de pleine lune, une poule voulant profiter de la fraîcheur vespérale oublie de rentrer à temps dans le poulailler. Un renard l'aperçoit et se met à l'affût. La nuit tombe brusquement. Entretemps la cabane est déjà fermée. Ne sachant plus où aller ni que faire, et craignant de se faire gronder par le gardien de l'enclos, la pauvre bête se résigne à passer la nuit à la belle étoile. C'est une aubaine pour le renard. En pleine nuit, lorsque la poule se met à somnoler, le renard l'attaque sans grand effort. Il l'attrape et la mange copieusement. Mais au moment où le carnivore se remplit l'estomac, le surveillant le surprend en flagrant délit. Le soir même, la nouvelle s'est répandue dans tout le village. Le lendemain, la famille de la poule conseillée par un *etendji* très réputé convoque l'Isendjei». [...] Après de longues diatribes, les notables reviennent enfin devant le public : « [...] Dans cette affaire qui oppose la Poule au renard, la poule a raison, le Renard a tort (2x). Le Renard doit payer deux arceaux à la Poule. Dans l'affaire qui oppose le Renard aux Notables, le Renard a tort, les Notables ont raison (2x). Le Renard doit payer un arceau aux notables (2x). [...]. Dans l'affaire qui oppose la Poule aux Notables, les Notables ont raison, la poule a tort (2x). Nous condamnons la Poule pour avoir passé la nuit

[46] LOKENGO ANTSHUKA, *op. cit.,* p. 151-155.

à la belle étoile (2x). La Poule doit une calebasse de vin aux notables (2x). Si quelqu'un refuse de s'exécuter, c'est son affaire. Ainsi jugé, ainsi arrêté […] Arrêté…terminé… (2x) ».

Ce récit indique toute la dimension stratégique de la palabre africaine, conçue comme une cure thérapeutique de la société, du fait de permettre aux uns et aux autres d'exprimer leurs doléances même si l'on sait d'avance qu'en dernière analyse c'est la réconciliation qui est visée sous les auspices de l'autorité royale. La réussite d'une telle visée pacifiste de la palabre africaine présuppose le strict respect de la hiérarchie sociale et de la différenciation des rôles traditionnels qui la structure, dont l'obéissance due à la décision du chef qui la prononce par lui-même ou par ses délégués.

Comme l'affirme le philosophe camerounais Charles Jean-Marie Minyem, la société traditionnelle africaine est hiérarchisée et organisée, non pas d'après le principe de la force vitale, comme l'a prétendu Tempels, mais en vertu des différences naturelles de savoir et de rôles. Il écrit exactement à ce propos : « La hiérarchie sociale met en évidence les différentes couches de la société que l'on peut distinguer par leur âge, leur sexe ou leur savoir. Cette hiérarchie qui n'est pas un fait de l'homme, mais de la nature, définit également le rôle de chacun. Ainsi, dans la société africaine, les rôles ne sont ni arbitraires ni objets de disputes comme c'est le cas aujourd'hui avec le problème du genre, ils sont le fait d'une organisation naturelle dont l'être suprême est le seul responsable. Par ailleurs, on peut aussi y distinguer des groupes de parenté et même des systèmes politiques »[47].

« Au sommet de la pyramide, précise-t-il, nous avons les initiés. Ils sont ceux-là qui de par leur savoir et leur pouvoir obtenus à travers l'école initiatique, peuvent entrer en rapport

---

[47] C. J-M. MINYEM, *Rationalités et problématique du développement en Afrique*, p. 46.

avec le monde invisible. Ce sont eux qui communiquent avec les ancêtres et occupent le plus souvent les fonctions de «prêtre», voyant, guérisseur, sacrificateur... Ils manipulent le sacré, protègent la société contre toute attaque de l'invisible et apaisent la colère des ancêtres par les sacrifices et les incantations divers. Au deuxième niveau de l'échelle, se trouvent les vieux. Ce sont les plus âgés de la société, ils sont respectés pour leur âge et pour le savoir qu'ils possèdent sur la culture et la tradition. Ils sont alors des détenteurs du patrimoine culturel et sont souvent consultés lorsque certains aspects de la culture sont bafoués ou ignorés. Ils veillent au respect de l'interdit et mènent une vie pure. Fondateurs de lignages, de familles et de clans, ils possèdent aussi le pouvoir de bénir »[48]. Et de conclure : « En somme, nous constations que dans la société traditionnelle africaine, il n'existe ni de conflit entre l'homme et la femme dans le foyer ni de revendication d'autorité encore moins d'égalité. L'homme est le chef de famille, ce rôle lui est attribué par la nature, mais c'est la femme qui assure l'autorité. Il n'existe pas non plus de conflit entre les enfants et leurs parents, les parents doivent assurer l'encadrement et l'éducation des enfants. Pour cela, ils possèdent une autorité qu'ils exercent avec mesure. Quant aux enfants, ils doivent se laisser éduquer. A cet effet, les punitions et les châtiments corporels qu'on peut leur infliger sont un bien »[49].

Quelles que soient les nuances que l'on pourrait faire a posteriori, il ne reste pas moins vrai que le respect de la hiérarchie était quasiment sacré en Afrique traditionnelle dans la mesure où il était considéré comme le garant de la paix et de l'harmonie sociale. Par ailleurs, ce qui nous semble le plus intéressant à souligner dans la procédure générale de la palabre africaine, c'est son

[48]*Ibid.,* p. 46.
[49] *Ibid.,* p. 47-48.

caractère stratégique tel qu'on le retrouve actuellement dans la plupart des dialogues qui fondent débats, conversations, entretiens et colloques par lesquels sont jetées les bases de certains accords. C'est le genre de dialogue qui est inspiré uniquement par le besoin qui presse à trouver un accord pratique. Les interlocuteurs discutent en vue de signer un contrat qui implique devoirs et obligations, conventions et arrangements pratiques en vue de juguler la violence.

En fait, le principal écueil du dialogue stratégique, autrement appelé négociation, est de ressembler le plus souvent au monologue où la conscience se situe dans la perspective du faux dialogue, où les interlocuteurs font semblant d'échanger et de s'ouvrir alors que chacun n'est en fait que tourné vers soi-même, c'est-à-dire vers la défense et le maintien de ses propres intérêts, chacun tenant à duper l'autre[50]. En plus, dans le dialogue stratégique, le consensus procède souvent de la manipulation des consciences et des personnes et aboutit à l'imposition de sa propre vérité au détriment de la quête de la vérité elle-même. Le dialogue stratégique réduit pour ainsi dire la discussion à un monologue collectif, au travers du contrat, où les différences sont biffées, les jeux de langage confondus et les organes d'opinion détournés, etc.[51].

Il y a donc lieu de dire que la palabre africaine, en tant que tribunal populaire, revêt le caractère d'un dialogue stratégique où les discussions visent à résoudre immédiatement le conflit qui oppose certains membres de

---

[50] Cf. R. MISRAHI, « Buber Martin », in D. HUISMAN, *Dictionnaire des philosophes*, Paris, PUF, 1984, p. 416.

[51] Cf. B. OKOLO OKONDA, « Dialogue et interaction. Recherche des conditions pour un nouvel ordre social », in *Philosophie africaine et ordre social*. Actes de la 9ème semaine philosophique de Kinshasa, Kinshasa, FCK, 1985, p. 85.

la communauté et au-delà d'eux-mêmes, brise la paix et l'harmonie sociales. C'est de ce point de vue que l'arbitrage du chef traditionnel, en personne ou par ses courtisans, comporte une valeur juridico-morale irrécusable. En conséquence, le pouvoir traditionnel africain charrie les germes d'instrumentalisation des appareils étatiques.

Dans l'exemple métaphorique que nous avons évoqué, concernant la palabre du conflit ayant opposé le Renard à la Poule, le lecteur moderne ne manquerait pas d'y percevoir les relents d'une justice formaliste qui se contente d'apaiser les tensions sociales tout en occultant la résolution efficace des problèmes sociaux. Certes, même si après coup on peut dire que la palabre africaine était une « construction laborieuse d'un consensus autour d'une question quelconque, publique ou privée, politique, économique, sociale, culturelle, développementale, religieuse ou philosophique»[52], force est de remarquer qu'à plusieurs égards, il ne s'agissait pas moins d'un exutoire, en termes de confession publique.

Quelques limites mériteraient d'être soulignées à propos de la palabre africaine comme dialogue stratégique. D'abord, dans l'exemple ci-haut évoqué, le dialogue étant convoqué entre un vivant et un mort, à l'issue d'un meurtre, n'est pas du tout un dialogue, mais un procès où l'on vise à établir les responsabilités. Cela signifie qu'il y a une tierce partie, non directement impliquée dans le conflit, mais appelée à juger objectivement les parties concernées. Et comme on le sait, les chefs africains aiment souvent ces types de dialogue où ils se situent au-dessus de la mêlée comme des juges suprêmes. D'où la problématique de la démocratisation du pouvoir en Afrique noire aujourd'hui.

---

[52] LOKENGO ANTSHUKA NGONGA, *op. cit.,* p. 150.

La seconde limite de la palabre africaine, c'est qu'en visant formellement le rétablissement de la paix et de l'harmonie sociales, le risque est grand de contenter toutes les parties en conflit tout en se passant du traitement des causes principales et des problèmes fondamentaux qui jugulent souvent les processus dialectiques d'individuation et de socialisation. On a vu combien dans ce procès symbolique, malgré la mort gratuite infligée à Madame la Poule, les mesures clémentes dont bénéficie Monsieur le Renard ne font que traduire la tradition d'une justice sociale très favorable aux puissants et aux plus riches. Enfin, quoi qu'il en en soit, la palabre africaine ne réussit mieux qu'à renforcer le pouvoir du chef traditionnel et de sa Cour dont les verdicts du jugement sont irrévocables, comme on peut le relire : « Ainsi jugé, ainsi arrêté […] Arrêté…terminé… (2x) ». Pour toutes ces raisons, il y a lieu de comprendre le recours désormais peu habituel à ce genre de dialogue social.

b) *Du dialogue authentique à l'éthique de la discussion*

Contrairement au dialogue stratégique, comme nous venons de le voir, Martin Buber définit le dialogue authentique comme étant une sorte de communication idéale où les interlocuteurs ne visent qu'à s'entendre, c'est-à-dire à se faire comprendre l'un à l'autre. C'est le genre de dialogue qui requiert, entre « Je» et « Tu », la vérité de la relation, la franchise, la spontanéité, l'identité bien définie des partenaires et la constitution d'un public restreint.

(a) La *vérité* de la relation présuppose que les interlocuteurs ont le devoir de faire correspondre l'intériorité de leur être à la réalité. L'important en effet n'est pas de dire tout ce que l'on pense, mais d'éviter tout jeu d'apparence. Buber s'explique en ces termes : « Ce qui importe est que l'un "se laisse aller" devant l'autre, mais qu'il laisse l'homme auquel il se communique participer à son être. C'est l'authenticité de l'interhumain qui importe, là où elle n'existe pas, l'humain ne peut être non plus authentique »[53].

(b) La *franchise* est l'exigence du don et de l'ouverture de soi. Chacun doit être prêt, et en toute circonstance, être capable de dire ce qu'il pense à propos de l'objet traité. Toute dissimilation et toute digression doivent être évitées. « Là où la parole dialogique existe, [...] il faut qu'on lui fasse droit en usant d'une totale franchise. Or la franchise est l'exact contraire du discours à tort et à travers. Tout dépend de la légitimité de ce que j'ai à dire »[54]. Là où le dialogue est vécu avec franchise, il se vit une communauté pleine de fécondité et vitalité.

(c) La *spontanéité* du dialogue crée un espace de liberté d'expression et d'opinion. Si les partenaires du dialogue ne sont pas obligés tous de prendre parole, chacun néanmoins doit être prêt à donner son point de vue suivant l'évolution et l'orientation de l'entretien. Rien n'est alors prédéterminé et arrangé d'avance, mais c'est dans le cours de l'entretien qu'un consensus doit être envisagé. Mais la spontanéité du dialogue authentique n'exclut pas toute préparation ou toute espèce de pré-dialogue destiné à déterminer des orientations du dialogue d'un point de vue méthodologique[55].

(d) La *définition de l'identité de chacun des participants*. Il importe que chaque partenaire réponde valablement au profil des conditions et critères relatifs à l'objet de la rencontre. Au cas contraire, il suffirait qu'une partie de participants méconnaisse l'authenticité de l'identité d'un ou

---

[53] M. BUBER, *La vie en dialogue,* Paris, Aubier-Montaigne, 1959, p. 206.
[54] *Ibid.,* p. 216.
[55] *Ibid.,* p. 217.

de quelques sujets présents au dialogue pour que celui-ci soit troublé ou compromis[56].

(e) Le *public doit être restreint*. Le dialogue authentique nécessite un nombre réduit des partenaires, appelés à se connaître et à se parler intimement dans la transparence et l'authenticité. Les participants au dialogue authentique ne se livrant pas à un simple échange discursif, chacun d'eux doit pouvoir se tourner vers l'autre en tant que son vis-à-vis, comme un « Tu ». Dialoguer signifie dès lors « prendre intimement l'autre» dans l'échange d'une parole donnée et d'une parole reçue. De ce point de vue, le dialogue authentique se méfie de la publicité médiatique qui entoure les grands débats publics. C'est un vice du dialogue. « A notre époque où il est devenu si rare de rencontrer la véritable compréhension de ce qui fait l'essence d'un entretien authentique, rappelle Buber, ses conditions sont à tel point méconnues par un sens de publicité qui s'égare que l'on pense l'organiser par des moyens appropriés de réclame devant un public d'auditeurs intéressés [...] ; entre un entretien authentique dont on offre l'audition et le dialogue authentique s'entend un infranchissable abîme[57].

Au final, Martin Buber s'accorde à l'évidence de la mélancolie de la destinée humaine, c'est-à-dire le fait que les relations humaines et les interactions sociales sont souvent piégées par les rapports de force, en vertu de deux tares anthropologiques fondamentales : l'une consiste à ignorer l'*a priori* de la relation et l'autre à chosifier Autrui, le « Tu ». Telle est la contradiction intime : « Quand l'homme néglige de vérifier dans le monde réel l'a priori de la relation, quand il oublie de faire agir et de réaliser son « Tu » spontané au contact du « Tu » qu'il rencontre,

---

[56] *Ibid.*

[57] *Ibid.*, p. 218.

son « Tu » s'introvertit »[58]. « Voici cependant la haute mélancolie de notre destinée : dans le monde où nous vivons, le Tu devient immanquablement un Cela »[59]. Mais pareille contradiction n'est pas nécessairement le fait d'une volonté délibérée. Car il y a en l'homme des énergies plus puissantes et inhérentes à sa condition d'un être limité. Ces énergies destructrices l'infléchissent souvent vers la chosification de l'autre.

Poussant plus loin la réflexion sur les conditions du dialogue authentique, Habermas en est arrivé à en déterminer les présuppositions universelles, c'est-à-dire au-delà de tout contexte de discussion possible. Ces conditions sont appelées des présuppositions pragmatiques universelles de la communication idéale, à savoir la publicité et l'inclusion de tous ; l'égalité des droits de tous les partenaires, la sincérité et l'exclusion de toute mystification, ainsi que l'absence de contrainte.

(a) La *publicité et l'inclusion de tous* dans le dialogue veulent dire que tout le monde peut apporter une contribution pertinente à la controverse dont une prétention à la validité ; personne ne peut être exclu de la discussion.

(b) *L'égalité des droits dans la communication* veut dire que tous les participants reçoivent les mêmes chances de s'exprimer sur la question débattue.

(c) *La sincérité et exclusion de toute mystification ou illusion* réfère au fait que tous les participants doivent penser ce qu'ils disent.

(d) *L'absence de contrainte* signifie que la communication doit être affranchie de toute restriction susceptible d'empêcher la manifestation du meilleur argument et de déterminer l'issue de la discussion. Cela veut dire qu'aucune personne concernée par la discussion

---

[58] M. BUBER, *Je et Tu,* Paris Aubier-Montaigne, 1980, p. 106.
[59] *Ibid.*, p. 37.

ne peut se voir obligée par une force extérieure à dire le contraire de ce qu'il pense. Il n'est pas permis non plus qu'au cours du débat l'on utilise des subterfuges ni des simulations mensongères pour détourner de la vérité en vue d'arracher un accord[60].

A la base de ces quatre présuppositions normatives du dialogue authentique se trouvent deux prétentions générales à la validité critiquable de toute discussion digne de ce nom : la vérité propositionnelle et la justesse normative.

a) La vérité propositionnelle concerne les actions langagières constatives qui servent à présenter ou à présupposer des états de choses et des événements. Bien que la vérité ne soit pas un concept si simple à définir, sa normativité reste d'ordre universel, quitte à préciser l'horizon de la pensée et de l'action à partir duquel on se situe. Dans le domaine scientifique, par exemple, le concept de vérité vise la cohérence et l'assertabilité justifiée des énoncés, y compris l'efficacité de ses applications. En visant la vérité, le sujet prend référence à quelque chose dans le monde des contenus matériels existants.

Pour être vrai, l'énoncé doit être non seulement intelligible, mais aussi véridique. L'*intelligibilité* d'une phrase grammaticalement correcte, ou *le fait de s'exprimer de façon intelligible,* signifie que le locuteur doit choisir une expression *intelligible*, afin que le locuteur et l'auditeur puissent *se comprendre l'un et l'autre.* La *véridicité* d'une proposition, c'est-à-dire le fait de donner quelque chose à entendre, signifie que le locuteur doit avoir l'intention de communiquer un contenu propositionnel vrai, afin que l'auditeur puisse *partager le savoir* du locuteur.

---

[60]J. HABERMAS, *Idéalisations et communication. Agir communicationnel et usage de la raison,* Paris, Fayard, 2006, p. 56-57.

Sur le plan technique, la vérité vise l'*efficacité* de l'action, c'est-à-dire la relation interne avec les pronostics conditionnels qu'impliquent le plan d'action ou encore les règles d'action. « De même que la *"vérité"* se rapporte à l'existence d'états de choses dans le monde, de même l'*"efficacité"* se rapporte à des interventions dans le monde à l'aide desquelles des états de choses peuvent être produits. Par son affirmation, A fait référence à ce qui *a lieu* effectivement dans le monde objectif ; par son action orientée vers un but (*Zwecktätigkeit*), B fait référence à ce qui *doit avoir lieu* dans le monde objectif. Ce faisant, tous deux élèvent avec leurs expressions symboliques des *prétentions* qui peuvent être critiquées et défendues, *i.e.* fondées. La rationalité de leurs expressions se mesure aux relations internes entre le contenu de signification, les conditions de validité et les raisons qui en cas de besoin peuvent être produites pour justifier la vérité des énoncés et l'efficacité des règles d'action »[61].

b) La justesse normative concerne le rapport à la norme de l'action, en lien avec un arrière-plan qui vise à instaurer et à renouveler les relations interpersonnelles, par quoi le locuteur prend référence à quelque chose dans le monde des ordres légitimes. Dans ce cas, la sincérité de l'intention vise les actions réglées par des normes, lesquelles actions servent à manifester des expériences vécues, c'est-à-dire à s'autoprésenter, par quoi le locuteur se réfère à quelque chose dans le monde subjectif auquel il a un accès privilégié[62].

Pour être juste, l'énoncé ou l'action doit être non seulement sincère, c'est-à-dire que le locuteur doit vouloir exprimer ses intentions *sincèrement*, afin que l'auditeur puisse croire l'énonciation du locuteur (lui faire

---

[61] IDEM, *Théorie de l'agir communicationnel. T1, op. cit.*, p. 24-25.

[62] IDEM, *La pensée postmétaphysique. Essais philosophiques,* Paris, Armand Colin, 1993, p. 72.

confiance), mais aussi adéquat au regard des normes et valeurs en vigueur, afin que l'auditeur puisse accepter l'énonciation, de sorte que l'un et l'autre, l'auditeur et le locuteur, puissent *être en accord* quant à l'énonciation relative à un arrière-plan normatif[63].

Il reste néanmoins la question procéduraliste de savoir comment établir la validité universelle de sa prétention à la vérité et à la justice. L'éthique de la discussion répond à cette question dans ce sens qu'elle met en avant la légitimité de la discussion comme procès d'argumentation qui vise le consensus. Discuter ou argumenter signifie pour les interlocuteurs, soit que les énoncés qu'ils font valoir chacun à son tour relèvent effectivement d'une expérience ou d'un fait, soit que leur intention coïncide avec celle que visait le locuteur, et que cet acte du discours correspond à un arrière-plan normatif reconnu par tous[64].

Qui dit discussion ou argumentation dit un type de discours où les parties prenantes thématisent des prétentions à la validité qui font l'objet de litiges, et tentent de les admettre ou de les critiquer au moyen d'arguments. Un *argument* contient des raisons qui sont systématiquement reliées à la prétention à la validité d'expressions problématiques. La "force" d'un argument se mesure, dans un contexte donné, au bien-fondé des raisons, dont la capacité d'une expression à convaincre les participants d'une discussion, i.e. à motiver l'admission d'une prétention à la validité comme vraie et/ou juste[65], autrement dit « des raisons épistémiques pour étayer la vérité des énoncés, des points de vue éthiques pour attester l'authenticité d'une décision vitale, des indicateurs pour garantir la sincérité d'un aveu, des expériences

---

[63] IDEM, *Logique des sciences sociales et autres essais*, Paris, PUF, 1987, p. 333.

[64] *Ibid.*, p. 363.

[65] IDEM, *Théorie de l'agir communicationnel. T1*, p. 34.

esthétiques, des explications narratives, des valeurs culturelles, des droits légitimes, des conventions, etc.»[66]. Et même dans les autres cas où il n'est pas forcément requis d'argumenter, dans le sens de la vérité et de la justice, l'agir communicationnel comprend un spectre des raisons très large comme des impératifs ou des souhaits où l'on doit également supposer le caractère inemployé du potentiel de raisons motivées par l'intelligence[67],

Le but de l'argumentation est l'accord ou le consensus (*Verständigung)* qui signifie en allemand l'intercompréhension et veut dire qu'au moins deux sujets ont la compréhension d'une expression verbale, et qu'il existe entre eux, par rapport à l'arrière-plan normatif qu'ils reconnaissent en commun une compréhension commune sur la justesse d'une énonciation[68]. En un mot, la discussion ou le dialogue authentique est « une forme de communication plus exigeante, et dépassant les formes concrètes de la vie, une forme de communication dans laquelle les présuppositions de l'agir orienté vers l'intercompréhension sont généralisées, abstraites et décloisonnées, c'est-à-dire qu'elles sont étendues à une communauté de communication idéale comprenant tous les sujets capables de parler et d'agir »[69].

Une erreur fondamentale doit être nécessairement évitée dans la discussion authentique, à savoir l'autocontradiction, ou la contradiction performative. D'après Karl-Otto Apel, la contradiction performative est une erreur logique consistant à reposer un acte de parole constatif « Cp » sur des présuppositions non contingentes dont le contenu propositionnel contredit l'affirmation

---

[66] IDEM, *Idéalisations et communication,* p. 36.
[67]IDEM, *Logique des sciences sociales et autres essais,* p. 314.
[68] IDEM, *Théorie de l'agir communicationnel. T1,* p. 296.
[69] IDEM, *De l'éthique de la discussion,* Paris, Flammarion, 2006, p. 22.

« p ». Par exemple, si quelqu'un dit : « Je n'existe pas », il commet par le fait même une contradiction performative parce qu'il exige que son interlocuteur croie à la vérité de sa proposition qu'il contredit en même temps dans les faits. « Dans l'énoncé : a) je n'existe pas (ici et maintenant), le locuteur émet une exigence de vérité. En même temps, il engendre, *du fait même qu'il exprime cette exigence*, une présupposition existentielle dont le contenu propositionnel peut être exprimé au moyen de l'énoncé suivant : b) j'existe (ici et maintenant), étant entendu que, dans les deux propositions, le pronom personnel se rapporte à la même personne »[70].

4.2.3. *L'auto-marginalisation du peuple*

Nous entendons par auto-marginalisation du peuple africain cette espèce de démission collective consistant à se soucier très peu du développement communautaire, sans l'aide extérieure. Cette attitude psychologique générale se manifeste, d'une part, par la soi-disant neutralité de la société civile et, d'autre part, par le verbalisme des dirigeants politiques.

a) L'auto-marginalisation de la société civile africaine pourrait être liée non seulement au déficit général de formation intellectuelle et d'éducation à la citoyenneté, mais aussi et surtout à cause d'une certaine réduction de son rôle dans l'espace public politique. Dans une étude publiée par le Programme des Nations-Unies pour le Développement (PNUD), en République Démocratique du Congo, on peut voir combien les auteurs ne s'empêchent pas de réduire l'apport principal de la société civile nationale à sa dimension éthique dans la médiation des conflits politiques.

---

[70] IDEM, *Morale et communication. Conscience morale et activité communicationnelle*, Paris, Flammarion, 1986, p. 101.

En effet, après avoir cité les différentes composantes de la société civile nationale comme le corps des enseignants et chercheurs, les associations d'ingénieurs, de l'ordre des médecins, l'ordre des avocats, l'association des magistrats, les syndicats des travailleurs et des fonctionnaires, les associations féminines, les confessions religieuses, les organisations non gouvernementales (ONG), l'ensemble des organisations de défense des droits de l'homme, les auteurs du rapport du PNUD rappellent finalement que toutes ces associations sont appelées à « donner une âme à la pratique politique en RDC », c'est-à-dire à promouvoir des valeurs morales absolument nécessaires pour la bonne gestion de la nation : « Lorsque cette éthique fait défaut dans la vie politique, il est impératif que les différentes composantes de la société, c'est-à-dire les corps des métiers soudés par une certaine éthique, s'arment et se solidarisent pour le combat »[71].

b) Dans le monde politique, on peut aussi parler de l'auto-marginalisation qui, derrière la rhétorique ou le verbalisme, n'est que démagogie. La rhétorique se définit comme l'art de bien parler, de persuader son adversaire, en inventant ou en trouvant des arguments et des procédés pour le convaincre (*inventio*), en sachant disposer ces arguments de manière ordonnée et efficace (*dispositio*), tout en trouvant des mots qui les mettent en valeur (*elocutio*). La pratique remonte déjà à la composition des organes institutionnels de la Cour royale où des « fous » du roi se devraient de savoir manier la parole pour être capables de défendre non seulement le pouvoir royal, mais aussi la personnalité, la grandeur et les hauts faits du roi.

Dès l'aube du processus de démocratisation des sociétés africaines, à partir des années 1990 où l'on a vu chuter les régimes dictatoriaux, Zahir Farès prévenait les

[71] PNUD, « Rapport national sur le développement en RDC (2008) », in www.google.com, pdf, p. 143-144.

nouveaux dirigeants africains contre l'immobilisme et le spectateurisme marqués des politiques antérieures, en ces termes : « La démocratie étant à l'ordre du jour, comment faire pour ne pas nous trouver encore une fois piégés dans un système qui fonctionnera sans nous (contre nous ?). Au fond, on a souvent reproché à l'Afrique d'importer non seulement ses moyens de subsistance mais aussi ses modèles politiques. On a pu voir, ainsi, les pays qui s'inspiraient du marxisme-léninisme rejetés, au nom de la nécessité de ne pas fonctionner sur des modèles importés. Ceux qui n'étaient pas rejetés avaient, par contre, les faveurs des puissances tutélaires, bien que les systèmes soutenus et cautionnés par elles, n'eussent rien, eux non plus, de démocratiques»[72].

Et de renchérir : « Encore une fois, l'Afrique se laisse piéger par le verbe et ne cherche pas à aller au-delà des mots. Le slogan du syndicat des Chefs d'État face à celui des pays riches est : "Pas de démocratie sans développement. Pas de développement sans démocratie"! Toutes les Constitutions font appel aux principes démocratiques. Que propose-t-on de nouveau pour notre bien-être ? […] Ce qui a été fait au moment des indépendances semble encore se reproduire puisque l'Afrique demande de l'assistance technique dite institutionnelle, pour mener à bien le processus de construction démocratique »[73].

---

[72] ZAHIR FARES, *Afrique et démocratie. Espoir et illusions.* Paris, L'Harmattan, 1992, p. 28.
[73] *Ibid.,* p. 44.

4.3. Plaidoyer pour la rationalisation des actions et des modes de vie en société

4.3.1. *Les fondements rationnels de l'agir humain*

Aux appels souvent entendus pour la révolution mentale ou le changement des mentalités, comme bases du développement communautaire en Afrique noire, on peut se demander non pas à quoi pense-t-on forcément, mais surtout à quelles conditions cela est-il possible. En d'autres termes, la question de la rationalisation des actions procède de la connaissance implicite des critères de validité universels de l'agir humain, autrement dit de l'acceptabilité rationnelle.

En effet, la théorie de l'agir communicationnel, dans la mesure où elle s'emploie à dégager les conditions de validité universelle de l'agir social, dans toutes ses extensions, nous permet de relever au moins trois critères principaux, en tant que principales prétentions à la validité universelle des actions et des modes de vie humains : la prétention à la vérité propositionnelle, la prétention à la justesse normative, ainsi que la prétention à la sincérité de l'intention des acteurs.

D'après cette théorie normative de l'action, prétend agir rationnellement non seulement celui qui porte une affirmation *vraie* sur les faits et qui peut la fonder face à un critique en indiquant les évidences qui correspondent à cette affirmation, mais aussi tout celui qui suit une norme existante et peut justifier son action face à un critique en expliquant une situation par rapport aux attentes de comportement *légitimes*. Il en est de même de celui qui s'exprime et agit sincèrement, comme l'explique Habermas : « Nous nommons encore rationnel celui qui de façon sincère exprime un souhait, un sentiment ou un état d'esprit, délivre une confidence, confesse une action, etc. et saura créer chez un critique une certitude concernant l'expérience intime qu'il a ainsi dévoilée, en étant cohérent dans les conséquences pratiques qu'il tire pour son comportement »[74].

4.3.2. *La rationalisation du monde vécu et la révolution mentale*

Il faut entendre par rationalisation du monde vécu la dialectique de libération des fondements de l'action tels qu'ils constituent les structures principales de sens, de signification et d'orientation des actions et comportements individuels. Ces structures, irréductibles à la connaissance scientifique ou objective, relèvent globalement de ce qu'Edmund Husserl a appelé dans sa phénoménologie transcendantale le *monde-de-la-vie* (Lebenswelt), en tant qu'arrière-fond commun de sens et de signification des actions, monde auquel nous accédons intentionnellement[75].

Pour sa part, Jürgen Habermas a eu à montrer que ce monde-de-la-vie, ou le *monde vécu* est aussi accessible par réflexion et donc susceptible d'être connu rationnellement par la discussion critique. Car, tout bien considéré, ce monde réfère tout simplement au concept sociologique cher à Emile Durkheim, c'est-à-dire « la conscience collective » telle qu'elle est structurée par le langage communément partagé par les acteurs sociaux.

De façon analytique, Habermas distingue dans le *monde vécu,* comme conscience collective, trois composantes structurelles élémentaires et intimement liées : la culture, la société et la personnalité. (a) La *culture* comprend la réserve de savoirs qui guident l'action. Elle est institutionnalisée dans des formes

---

[74] J. HABERMAS, *Théorie de l'agir communicationnel. T1,* p. 31-32.

[75] Cf. E. HUSSERL, *La crise des sciences européennes et la phénoménologie transcendantale*, Paris Gallimard, 1976, p. 10.

symboliques, objets d'usage et technologies, mots et théories, livres et documents, tout autant que dans des actions. (b) La *société* comprend l'ensemble des ordres légitimes à travers lesquels les sujets en interaction règlent leur appartenance à des groupes sociaux et assurent ainsi une solidarité. (c) La *personnalité* comprend l'ensemble des compétences qui rendent un sujet capable de parler et d'agir, donc le mettent en mesure de participer à des procès d'intercompréhension et d'y affirmer sa propre identité[76].

De l'une et l'autre de ces trois composantes structurelles du *monde vécu* de l'homme, en tant qu'horizon commun de sens et de signification, on peut dégager les principes directeurs généraux de l'action concrète. a) Du monde vécu de la culture, en tant que réserve commune des savoirs, on peut dire que *la vérité* est le principe universel de référence dans le processus de rationalisation des actions et des comportements sociaux. (b) Du monde vécu de la société comme ensemble des ordres légitimes, il va de soi que la justice ou *justesse normative* constitue le principe commun de rationalité des actions et de légitimité des comportements. (c) De la personnalité comme ensemble de compétences individuelles, la *sincérité* peut être évoquée comme critère de rationalité des acteurs.

Nous devons toutefois admettre que *le monde vécu* de l'homme n'est pas structuré uniquement par ces principes généraux de vérité, de justice et de sincérité. Il est plus complexe que cela. Car, à la fois comme horizon et contexte de l'action, le *monde vécu* comprend tout un ensemble très complexe de références qui orientent et justifient concrètement les prises de position par oui ou non des acteurs sociaux. Comme contexte originaire de

---

[76] Cf. J. HABERMAS, *Théorie de l'agir communicationnel. T2. Pour une critique de la raison fonctionnaliste,* Paris, Fayard. 1987, p. 152.

l'action, on peut dire que le monde vécu est constitué, si nous reprenons les termes de Mark Hunyadi, d'un « stock de ressources disponibles » qui peut être invoqué à l'appui de nos raisons pour lesquelles nous agissons individuellement et collectivement. On y trouve une densité des contenus structurels, allant des figures mémorables de l'histoire ancienne aux événements intimes des biographies familiales, bref tout le tissu des références historiques dans lesquelles nous nous reconnaissons, et auxquelles nous pouvons nous référer réflexivement dès lors que l'on quitte l'attitude naturelle de celui qui agit spontanément[77].

De ce point de vue du *monde vécu* comme contexte originaire des actions et des comportements individuels, une démarche en retour de rationalisation s'impose dans le sens de ce que nous appelons habituellement le changement des mentalités ou la révolution mentale. Il s'agit concrètement d'opérer le changement ou la conversion des connaissances actuelles, des habitudes, us et coutumes, ainsi que des certitudes et convictions personnelles s'il s'avère que certains de ces éléments ancrés dans le monde vécu constituent tout simplement des obstacles, illusions et auto-illusions à la recherche coopérative de la vérité, à la construction d'une société juste et des relations interpersonnelles sincères et épanouissantes.

[77] M. HUNYADI, « L'idée d'une contrefactualité contextuelle, ou : comment ne pas devoir transcender tous les contextes possibles, comme le veut Habermas ? », in *Revue philosophique de Louvain*, t.107 (2009), p. 341.

4.3.3. *La rationalisation du système social et l'Etat de droit démocratique*

L'expérience en Afrique noire montre clairement que la modernisation de la société ne se réduit pas à la mise en place de nouvelles structures et institutions politiques reconnues dans tous les Etats modernes. Cela veut dire qu'il faut dépasser la logique fonctionnaliste du système politique qui se contenterait de l'existence des organes officiels de l'Etat et de leur administration officielle. La faiblesse d'une telle approche de l'Etat moderne serait, comme certains critiques l'ont déjà dit, de légitimer la démocrature en lieu et place de la démocratie, par exemple.

Néologisme inventé par l'écrivain uruguayen Eduardo Galeano et utilisé officiellement par Max Liniger-Goumaz, dans son ouvrage intitulé *La démocrature, dictature camouflée, démocratie truquée*, le concept de démocrature associe démocratie et dictature pour désigner le régime politique qui, sous l'apparence d'une démocratie, fonctionne en réalité comme une dictature. Et c'est le propre des régimes totalitaires qui, tout en prétendant défendre l'idéal démocratique, rendre la parole au peuple et le protéger, organisent les élections, mettent en place les institutions démocratiques, mais n'y croient pas sincèrement. C'est du trompe-l'œil parce que les élections, par exemple, sont contrôlées à chaque étape de leur déroulement au point que les adversaires qui risqueraient d'être élus sont intimidés, voire emprisonnés. On entend parler des achats de voix et des tricheries de tous ordres. Quant au dépouillement, il est bien sûr contrôlé par les hommes du parti-Etat, qui en profitent pour bourrer les urnes. Et quand bien même les résultats étaient contestés, le contentieux électoral étant lui-même entre les mains de juges inféodés au pouvoir, le recours à la Cour suprême de justice n'est que peine perdue parce que la logique de la séparation des pouvoirs est insupportable dans un pouvoir oligarchique[78].

En fait, si nous devons plaider à juste titre en faveur de la modernisation des sociétés africaines, l'enjeu de taille est à proprement parler celui de la rationalisation du système social dans son ensemble. Celle-ci peut être résumée par le concept bien connu de l'Etat de droit démocratique où tous les éléments de cet Etat seraient pris en compte, à savoir la souveraineté du peuple, l'intégrité du territoire national, la légitimité du pouvoir public[79], d'un côté et, de l'autre, la démocratie comme l'état d'une société rationalisée, libérée ou émancipée, c'est-à-dire comme système politique dans lequel le peuple a le droit de participer, et prend effectivement part à l'élaboration des décisions politiques importantes[80]. Cela veut dire aussi que les citoyens ne doivent se sentir liés qu'aux normes à l'élaboration desquelles ils ont participé soit directement par eux-mêmes, moyennant le vote, soit indirectement par la décision de leurs représentants dans le parlement. C'est donc en vertu du principe d'égalité que les citoyens se refusent d'aliéner leur liberté de choix et de gestion de la chose publique. De ce point de vue, il ne peut nullement être question pour le peuple de laisser à ce que l'ordre social légitime puisse être défini par quelques individus ou par des groupes particuliers à l'exclusion des membres de la collectivité. Car, en effet, la loi ne peut procéder que de la volonté de tous les membres de la société démocratique[81].

---

[78] M. LINIGER-GOUMAZ, *La démocrature. Dictature camouflée, démocratie truquée,* Paris, L'Harmattan, 1992, p.17.
[79] Cf. LOKENGO ANTSHUKA NGONGA, *op. cit.,* p. 123.
[80] Cf. P. GERARD, *Droit et démocratie. Réflexions sur la légitimité du droit dans la société démocratique*, Bruxelles, FUSL, 1995, p. 118.
[81] *Ibid.,* p. 119.

Attardons-nous aux conditions normatives de la rationalisation du système social démocratique : a) les principes d'égalité et d'autonomie, b) la logique de la séparation des pouvoirs et c) l'émancipation et la vivacité de la société civile.

4.3.3.1. Les principes d'égalité et d'autonomie

L'égalité et l'autonomie des citoyens de la même République sont les principes de base de l'Etat de droit démocratique dans ce sens que, comme nous allons le voir, elles rendent possible le libre déploiement de la pensée et de l'action individuelle, en donc le pouvoir présumé d'autodétermination du peuple.

Dans son rêve de l'avènement de la société moderne ou émancipée, Jean-Jacques Rousseau, un des grands théoriciens de l'Etat de droit démocratique, résume ainsi la légitimité universelle des principes d'égalité et d'autonomie, comme fondements de la société démocratique :

a) où les citoyens devraient naître et se sentir libres de l'emprise de la tradition et pleinement responsables pour devoir réaliser leurs projets de vie individuels et collectifs : « *Si j'avais eu à choisir le lieu de ma naissance, j'aurais choisi une société d'une grandeur bornée par l'étendue des facultés humaines, c'est-à-dire par la possibilité d'être bien gouvernée, et où chacun suffisant à son emploi, nul n'eût été contraint de commettre à d'autres les fonctions dont il était chargé : un Etat où tous les particuliers se connaissant entre eux, les manœuvres obscures du vice ni la modestie de la vertu n'eussent pu se dérober aux regards et au jugement du public, et où cette douce habitude de se voir et de se connaître, fît de l'amour de la patrie l'amour des citoyens plutôt que celui de la terre* » ;

b) où le gouvernement de la République ne viserait que l'intérêt commun de tous les citoyens : « *J'aurais voulu naître dans un pays où le souverain et le peuple ne pussent avoir qu'un seul et même intérêt, afin que tous les mouvements de la machine ne tendissent jamais qu'au bonheur commun; ce qui ne pouvant se faire à moins que le peuple et le souverain ne soient une même personne, il s'ensuit que j'aurais voulu naître sous un gouvernement démocratique, sagement tempéré* » ;

(c), bref une société juste et égalitaire : « *J'aurais voulu vivre et mourir libre, c'est-à-dire tellement soumis aux lois que ni moi ni personne n'en pût secouer l'honorable joug; ce joug salutaire et doux, que les têtes les plus fières portent d'autant plus docilement qu'elles sont faites pour n'en porter aucun autre. J'aurais donc voulu que personne dans l'Etat n'eût pu se dire au-dessus de la loi, et que personne au-dehors n'en pût imposer que l'Etat fût obligé de reconnaître. Car quelle que puisse être la constitution d'un gouvernement, s'il s'y trouve un seul homme qui ne soit pas soumis à la loi, tous les autres sont nécessairement à la discrétion de celui-là ; et s'il y a un chef national, et un autre chef étranger, quelque partage d'autorité qu'ils puissent faire, il est impossible que l'un et l'autre soient bien obéis et que l'Etat soit bien gouverné* »[82].

A) Le principe d'égalité

L'égalité de tous les membres de la communauté politique est le premier principe sur lequel se fonde l'Etat de droit démocratique. Il s'agit théoriquement de l'*égalité des conditions* dont dépend l'existence de la société démocratique. Cela veut dire dans la perspective de la Révolution française que, aux yeux des individus qui se reconnaissent de la même appartenance à la société démocratique, il n'existe entre eux aucune hiérarchie, aucune distinction d'ordres ou de rangs qui soit légitime en droit, même si en réalité les différences sociales liées aux capacités et aux fonctions sont irréductibles, comme

---

[82] J-J. ROUSSEAU, *Discours sur les sciences et les arts. Discours sur l'origine et les fondements de l'inégalité.* Chronologie et introduction par Jacques Roger, Paris, Garnier-Flammarion, 1971, p, 139-141.

l'atteste la théorie du système des actions organisées. « En tant que signification instituante, l'égalité de droit implique fondamentalement l'équivalence ou l'égale dignité des individus, l'absence de la différence d'essence entre eux, indépendamment des inégalités de "fait" de nature économique, culturelle ou autre, qui les séparent »[83].

D'un point de vue procéduraliste, le principe de justice défend l'équité comme étant la norme universelle de l'action juste. D'après John Rawls, le principe de justice comme équité postule d'un côté que : « (1) chaque personne a un droit égal à un système pleinement adéquat de libertés de base égales pour tous, qui soit compatible avec un même système de libertés pour tous ; et de l'autre côté que (2) les inégalités sociales et économiques doivent satisfaire à deux conditions : (a) elles doivent d'abord être attachées à des fonctions et à des positions ouvertes à tous, dans les conditions de juste égalité des chances, et (b) elles doivent procurer le plus grand bénéfice aux membres les plus désavantagés de la société[84].

Sur le plan politique ou institutionnel, comme l'explique Philippe Gérard, il existe deux formes de structures juridiques sous lesquelles le postulat de l'égalité se trouve concrétisé. D'une part, les institutions justes doivent assurer les droits identiques à tout le monde en tant qu'être humain ; d'autre part, l'égalité de tout le monde devant la loi doit être reconnue comme un principe intangible, ce qui implique que les règles législatives soient appliquées de manière impartiale à tous leurs destinataires[85].

Sur le plan philosophique, le principe d'égalité induit une triple conséquence socio-politique et pragmatique.

La première conséquence, c'est que l'ordre social se trouve désormais privé d'un fondement métaphysique ou

---

[83] Cf. P. GERARD, *op. cit.*, p. 113.

[84] J. RAWLS, *Justice et démocratie,* Paris, Seuil, 1993, p.156.

[85] Cf. P. GERARD, *op. cit.*, p. 113.

dogmatique, c'est-à-dire imposé de l'extérieur et qui serait la garantie de la légitimité des règles qui guident les actions et les comportements des hommes en société. D'où la sécularisation de l'organisation politique de la société. Cela veut dire que Dieu et les institutions de l'ordre sacré se trouvent remplacés par la raison et les institutions laïques ou démocratiques au point que seules sont valides les normes d'action ayant fait l'objet d'une discussion publique et consensuelle.

La seconde conséquence, intimement liée au fait de remettre en question les fondements des normes et des institutions constituantes du pouvoir, c'est que la société démocratique génère et entretient les conflits. « La perte de ces garanties transcendantes a pour conséquence de soumettre le pouvoir et le droit à l'épreuve d'une indétermination radicale quant aux justifications de leur légitimité. Cette indétermination implique l'acceptation d'un débat sur le légitime et l'illégitime, l'ouverture d'un questionnement sur le bien-fondé du pouvoir et du droit. De ce point de vue, la démocratie implique l'institutionnalisation des conflits et de débats sur la légitimité des normes juridiques »[86].

Enfin, la troisième conséquence, c'est que la désacralisation du pouvoir public exclut qu'un seul individu s'en accapare. Car l'idée de l'égalité est plutôt associée à une désincorporation du pouvoir qui implique entre autres qu'aucun gouvernant ne peut se l'approprier et que son exercice est soumis à une procédure de remise en cause périodique, qu'on appelle l'élection, illustrant à nouveau l'institutionnalisation des conflits[87].

Force est de remarquer qu'au quotidien nous assistons aussi et même souvent au déni du principe d'égalité qui, selon Axel Honneth, s'appelle le déni de la reconnaissance

---

[86] *Ibid.*, p. 114.
[87] *Ibid.*, p. 115.

de la dignité de l'autre. Ce déni se manifeste concrètement par la triple atteinte à l'intégrité physique de l'homme (*violence physique*), à son intégrité juridique (*exclusion juridique*) et à son intégrité morale (*atteinte à la dignité humaine*)[88].

B) Le principe d'autonomie

Le principe d'autonomie pose la souveraineté populaire et établit que le pouvoir étatique émane du peuple en vertu du droit objectif ou constitutionnel fondé sur la pratique institutionnalisée d'autodétermination des citoyens. Comme le dirait Habermas, le principe d'autonomie constitue la charnière entre le système des droits et la construction d'un Etat de droit démocratique. D'une part, c'est le peuple qui définit ses droits et décide à propos des questions essentielles de la vie commune, et d'autre part c'est l'Etat de droit démocratique qui détient la légitimité de garantir la justice sociale pour tous. Reprenons l'explication de Habermas, dans *Droit et démocratie :*

> Dans la version qu'en donne la théorie de la discussion, le principe de la souveraineté populaire énonce que tout pouvoir politique se déduit du pouvoir des citoyens fondé sur la communication. L'exercice du pouvoir politique à la fois obéit aux lois que les citoyens se donnent eux-mêmes au moyen d'une formation de l'opinion et de la volonté structurée par la discussion, et se légitime en fonction de ces lois. Si on la considère comme un processus dont la fonction est de résoudre les problèmes, cette pratique doit sa force de légitimation sur une *procédure démocratique* qui a pour fonction de garantir un traitement rationnel des questions politiques. L'acceptabilité rationnelle des résultats obtenus en conformité avec la procédure s'explique à partir de l'institutionnalisation des formes de communication

---

[88] Cf. A. HONNETH, *La lutte pour la reconnaissance*, Paris Cerf, 2002, p. 161.

reliées entre elles et qui assurent idéalement que toutes les questions, tous les thèmes et toutes les contributions qui ont une pertinence sont évoqués et traités, sur la base de meilleures informations et raisons accessibles, dans le cadre des discussions et de négociations[89].

Néanmoins, comme il n'est pas possible en pratique que tous les citoyens se réunissent pour discuter sur les questions d'intérêt général, l'Etat de droit démocratique s'appuie sur le *principe parlementaire*, consistant à créer des organismes représentatifs qui délibèrent et décident[90]. En pratique, la composition, le mode de fonctionnement et la réglementation de ces organismes parlementaires doivent être conçus en fonction des problèmes spécifiques de chaque société. Il s'agit entre autres du mode d'élection et du statut des députés (leur immunité, leur mandat libre ou impératif, la formation des groupes parlementaires), le mode de décision à l'intérieur des organismes (le principe de la majorité, les lectures multiples des projets de loi), voire l'organisation du travail (la formation des commissions). Ce sont autant de questions d'importance principielle. Aussi faut-il ajouter que le principe de la souveraineté populaire se lie à celui du *pluralisme politique,* fondé sur la nécessite de compléter la formation parlementaire de l'opinion et de la volonté par la collaboration des partis politiques, au moyen d'une formation informelle, ouverte à tous les citoyens, de l'opinion dans l'espace public politique[91].

4.3.3.2. La logique de la séparation des pouvoirs

La logique de la séparation des pouvoirs anime de part en part l'Etat de droit démocratique, dans ses trois

---

[89] Cf. J. HABERMAS, *Droit et démocratie. Entre faits et normes,* Paris, Gallimard, 1997, p. 189.
[90] *Ibid.,* p. 190.
[91] *Ibid.*

principales institutions publiques : le *pouvoir législatif* confié à un parlement, le *pouvoir exécutif* en charge du gouvernement et le *pouvoir judiciaire* sous l'autorité des juridictions compétentes, chargées de contrôler l'application de la loi et de sanctionner son non-respect.

a) *Le pouvoir législatif* assume le transfert légitime de la compétence législative des citoyens qui, dans leur totalité, l'exercent par les organismes parlementaires dont le rôle est de justifier les lois selon une procédure démocratique. L'idée de base du parlementarisme est la considération selon laquelle le parlement représente la nation entière en tant que telle et en cette qualité, après une discussion et une décision publiques, édicte des lois, c'est-à-dire des normes générales rationnelles et justes qui déterminent et régissent l'ensemble de la vie étatique[92]. Cette procédure permet à la loi votée et édictée d'acquérir toute sa légitimité afin de contraindre de façon égale tous les citoyens. Lorsqu'elle est légitime, la loi permet à tous les membres de la société de savoir à la fois quel est le comportement qu'ils sont en droit d'exiger les uns des autres, et quand et à quelle occasion, ils sont en droit de le demander[93].

En fait, sur le plan épistémologique, le pouvoir législatif se trouve érigé comme une des instances critiques légitimes de la nation, un lieu de rationalisation de la vie publique dans ce sens qu'il représente l'instruction et la raison de la nation. La présupposition de la rationalité du parlement vient du postulat qu'il réunit en lui l'ensemble de l'intelligence du peuple, et qu'à ce titre il peut se produire une véritable discussion, c'est-à-dire un échange des discours publics opposés, dont la conséquence majeure serait de créer une véritable volonté de tout le peuple, la volonté générale. Car, le peuple ne

---

92 *Ibid.*, p. 205.
93 *Ibid.*, p. 196.

peut pas discuter lui-même, il ne peut qu'acclamer, élire, et répondre par oui ou non aux questions qu'on lui pose.

b) *Le pouvoir exécutif*, ou communément appelé le pouvoir public, c'est-à-dire le gouvernement, a pour fonction de percevoir et de formuler les problèmes qui affectent la société dans son ensemble, à partir des contextes de vie particuliers et des rapports que les citoyens entretiennent entre eux.

Conscients de ce rôle, les dirigeants politiques se doivent d'être très sensibles à la souffrance sociale qui se reflète au travers du miroir des expériences personnelles de la vie, des modes de vie collectifs, dont les langages symboliques sont la religion, l'art et la littérature. Dans cette perspective, le pouvoir public a la mission de rationaliser la vie publique, de comprendre les problèmes communs de la collectivité sociale, malgré leur complexité, en les orientant vers des pôles de solution rationnelle, universelle et raisonnable, concrète.

c) *Le pouvoir judiciaire*, confié aux juridictions compétentes, chargées de contrôler l'application de la loi et de sanctionner le non-respect du droit constitutionnel (contenant les lois relatives à la participation des citoyens à l'exercice des pouvoirs publics, à la forme de l'Etat et à la structure des pouvoirs publics et du gouvernement). Dans les pays de vieille tradition démocratique, comme aux Etats-Unis et en France, il existe des institutions souveraines de protection de ces droits publics et privés, notamment les droits humains. C'est le cas de la Cour suprême aux Etats-Unis, en tant qu'organe qui représente le sommet du pouvoir judiciaire et le tribunal du dernier ressort (sa devise est « justice égale selon la loi »). En France, on parle du Conseil constitutionnel, chargé de veiller à la régularité des élections nationales et référendums, de se prononcer sur la conformité à la Constitution des lois et de certains règlements dont il est saisi. Ce conseil intervient aussi dans certaines circonstances de la vie parlementaire et publique.

En fait, le pouvoir judiciaire fonde la condition d'une société rationalisée, libérée de l'arbitraire. Le respect réfléchi de la loi, en tant que médium de l'intersubjectivité sociale, protège non seulement les citoyens contre l'arbitraire du pouvoir politique, mais aussi le système politique lui-même, en tant qu'il est exposé en permanence à des perturbations susceptibles d'affecter soit l'efficacité de ses performances, soit la légitimité de ses décisions.

La police du pouvoir judiciaire est légitime dans ce sens qu'en s'opposant par exemple au droit constitutionnel, le pouvoir public légitime peut échouer à exercer sa compétence de régulation de la chose publique. La raison en est double : d'abord, en amont, l'échec peut advenir lorsque les programmes juridiques implémentés restent sans effet, ou lorsque les opérations ordonnatrices et régulatrices déclenchent des effets de désintégration dans les systèmes d'action, ou encore lorsque les moyens employés dépassent le médium juridique en portant atteinte à la structure normative du système politique lui-même ; ensuite, en aval, lorsque les décisions du pouvoir public, quelle que soit leur efficacité, ne peuvent plus se réclamer du droit légitime et échouent par le fait même à remplir sa fonction d'intégration sociale[94]. Cette hypothèse se vérifie lorsque le pouvoir public tient à appliquer ou à faire évoluer un droit constitutionnel, mais qui en réalité ne rencontre pas la pratique d'autodétermination des sociétaires juridiques libres et égaux. Tout processus d'autodétermination étant lié à une situation historique, il revient en définitive aux intéressés de voir clairement

---

[94] *Ibid.*, p. 413-412.

quelle est, de façon générale, la signification d'une telle pratique qui est *chaque fois la leur*[95].

Selon Habermas, la solution à ce dilemme consisterait à avoir des lois consensuelles. Sur le plan formel, la théorie de la discussion explique que les lois et les normes qui doivent s'imposer à tous sont celles ayant acquis l'assentiment de tous. Rappelons-nous que le principe général de l'éthique de la discussion stipule qu'« au lieu d'imposer à tous les autres une maxime dont je veux qu'elle soit une loi universelle, je dois soumettre ma maxime à tous les autres afin d'examiner par la discussion sa prétention à l'universalité »[96]. Sur le plan juridique, le principe de la discussion énonce que « seules peuvent prétendre à une validité légitime les lois juridiques qui sont à même, dans un processus d'institution du droit par la discussion ayant lui-même été établi dans une perspective juridique, de trouver l'adhésion de tous les sociétaires juridiques »[97]. D'où cette conclusion formelle du grand défenseur de l'éthique de la discussion : « Il n'y a rien qui préexiste à la pratique d'autodétermination des citoyens en dehors, d'un côté, du principe de la discussion qui réside tout simplement dans les conditions d'une socialisation communicationnelle, et, de l'autre, du médium du droit »[98].

4.3.3.3. L'apport de la société civile émancipée et vivace

Revenons à la place de la société civile dans le processus d'autodétermination des peuples, tout en nous rappelant que nous avons eu l'occasion de récuser l'auto-marginalisation de l'ensemble des citoyens africains dans

---

[95] *Ibid.,* p. 414.
[96] IDEM, *De l'éthique de la discussion,* p. 88-89.
[97] IDEM, *Droit et démocratie,* p. 126.
[98] *Ibid.,* p. 145.

la gestion et le développement de la société. La société civile africaine a-t-elle la meilleure compréhension possible d'elle-même et de sa fonction sociale ?

Pour nous éclairer dans cette réflexion, nous devons préalablement nous replacer dans le contexte historique évolutif du développement du concept de société civile. De son étymologie grecque « *koinônia politikè* », littéralement la « communauté politique » (Aristote) et traduite en latin par « *societas civilis* » (Cicéron), la société civile représentait dans l'Antiquité grecque et romaine le corps social dans sa plénitude, par opposition à la classe politique. De ce point de vue, la société civile constitue l'auto-organisation de la société, en dehors de tout cadre institutionnel (au sens politique du terme), administratif ou commercial. Elle comprend avant tout la totalité des citoyens d'une société et représente le domaine de la vie sociale bien organisée et volontaire, largement autosuffisant et autonome de l'Etat.

A l'époque moderne, Habermas a montré dans *L'espace public* que le développement de la société civile s'est fait parallèlement avec la construction des Etats modernes, fondés sur le droit constitutionnel. Après le recul sur l'échelle sociale des anciens bourgeois – les membres des anciennes corporations d'artisans et de boutiquiers – la nouvelle classe bourgeoise était venue occuper au sein du « public » une place centrale. On pouvait y compter d'abord des fonctionnaires de l'administration royale, avant tout des juristes, puis sont venus s'y ajouter des médecins, des prêtres, des officiers et des professeurs, bref les « gens instruits », dont l'éventail va des maîtres d'école et des copistes au « peuple » lui-même, les membres des associations religieuses, les artistes, les spécialistes de la littérature, etc.[99].

Formée donc de la sphère publique bourgeoise, en tant que monde des gens bien formés, de gens de lettres, mais aussi celui des Salons, intermédiaires des « sociétés mêlées » qui venaient y discuter[100], la société civile moderne peut être définie d'abord comme étant « la sphère des personnes privées rassemblées en un public. Celles-ci revendiquent cette sphère publique réglementée par l'autorité, mais directement contre le pouvoir lui-même, afin d'être en mesure de discuter avec lui des règles générales de l'échange, sur le terrain de l'échange des marchandises et du travail social – domaine qui reste essentiellement privé, mais dont l'importance est désormais d'ordre public. Le medium de cette opposition entre la sphère publique et le pouvoir est original et sans précédent dans l'histoire : c'est l'usage public du raisonnement »[101]. Ainsi donc, la constitution de la société civile moderne s'est faite de façon progressive comme une structure intermédiaire de l'espace public politique, destinée à faire figure de médiateur entre, d'un côté, le système politique et, de l'autre, les secteurs privés du monde vécu et les systèmes d'action fonctionnellement spécifiés[102].

A l'heure actuelle, dans les démocraties occidentales, la société civile opère indépendamment des structures de l'économie capitaliste, économie régulée par les marchés du travail, les marchés des capitaux et des biens. On peut y distinguer plus ou moins trois catégories des citoyens. En

---

[99] Cf. IDEM, *L'Espace public. Archéologie de la publicité comme dimension constitutive de la société bourgeoise*, Paris, Payot, 1986, p.33-34.

[100] *Ibid.,* p. 116.

[101] *Ibid.,* p. 39.

[102] IDEM, *Droit et démocratie,* p. 401.

premier lieu, l'ensemble des citoyens ordinaires qui s'appliquent au quotidien à la résolution des problèmes de la vie. Ensuite, les acteurs qui, émergeant du public des citoyens, viennent participer eux-mêmes à la reproduction de l'espace public politique. En font partie tous les interlocuteurs potentiels, ceux qui y sont déjà présents et ceux qui sont encore susceptibles d'y adhérer. On y retrouve des groupements et des associations à base bénévole, qui sont attachés au principe de la libre discussion, et constituent le cœur institutionnel de la société civile. L'ensemble des associations, organisations et mouvements de la société civile accueillent à la fois, condensent et répercutent en les amplifiant dans l'espace public politique, la résonance que les problèmes trouvent dans les sphères de la vie privée. Ce tissu associatif institutionnalise dans le cadre d'espaces publics organisés les discussions qui se proposent de résoudre les problèmes surgis concernant les sujets d'intérêt général[103]. Il y a enfin le groupe des citoyens engagés directement dans le processus de la rationalisation de l'espace public politique, c'est-à-dire ceux qui par leurs réflexions et prises de position investissent un espace public déjà constitué et s'en servent activement. On y compte des groupes d'intérêts importants, bien organisés, ancrés dans certains systèmes fonctionnels de la société et qui, par l'intermédiaire de l'espace public, agissent sur le système politique. En tant que tels, ces groupes ne sont pas enchâssés dans des cadres fermés définissant une attribution précise ou ayant une structure corporative ; ils sont ouverts et se chevauchent. Chacun d'entre eux a, tout à la fois, un accès autonome à l'arène politique centrale et un certain type d'engagement vis-à-vis de ce cadre[104].

---

[103] *Ibid.*, p. 394.
[104] *Ibid.*, p.395.

Considérées du point de vue de la question de l'autodétermination sociale, nous pouvons reconnaître avec Habermas que l'ensemble des associations que regroupe la société civile moderne, quelles que soient leurs finalités spécifiques, des fins culturelles, religieuses ou humanitaires, elles ont toutes pour mission principale de faire l'avocat des groupes ou des causes sous-représentés et difficiles à organiser. Cela veut dire en d'autres termes qu'elles ont pour rôle critique de défendre les droits fondamentaux des citoyens : le droit à la liberté d'opinion, le droit à la liberté de rassemblement et le droit de fonder des associations ou des sociétés, donc tous les droits ayant trait aux sujets d'intérêt général[105].

Il faut noter en passant que la liberté d'expression, sous toutes ses formes – liberté de la presse, de la radio et de la télévision, y compris le droit au libre exercice du journalisme – est fondamentale pour garantie l'autonomie de la société civile moderne. Et c'est d'autant plus que les droits d'expression assurent l'infrastructure médiatique de la communication publique qui doit garantir l'acceptation des opinions concurrentes et une diversité représentative des opinions, autrement dit un pluralisme librement acquis de formes de vie, de subcultures et de tendances religieuses, bref des droits privés et collectifs[106].

En outre, la société civile moderne revendique sa dimension pragmatique. Car, en tant que structure communicationnelle de l'espace public politique ancré dans le monde vécu, la société civile se présente comme une caisse de résonance de la société, apte à répercuter les problèmes qui, ne trouvant de solution nulle part ailleurs, doivent être traités par le système politique. Et c'est en tant que telle que la société civile moderne se présente comme un système d'alerte doté d'antennes peu

[105] *Ibid.*
[106] *Ibid.*, p. 395-396.

spécifiques, mais sensibles à l'échelle de la société dans son ensemble. Elle s'efforce à renforcer la pression qu'exercent les problèmes eux-mêmes, autrement dit non seulement percevoir et identifier les problèmes que rencontrent les citoyens dans l'ensemble, mais encore être capable de les formuler de façon convaincante et *influente,* les appuyer par des contributions et les dramatiser de façon à ce qu'ils puissent être repris et traités par l'ensemble des organismes parlementaires. Dans ce sens, à la fonction signalétique de l'espace public doit s'ajouter un travail de problématisation efficace. Voilà pourquoi la capacité restreinte de la société civile à traiter *elle-même* les problèmes qu'elle rencontre doit être mise à profit pour contrôler le traitement ultérieur du problème, dans le cadre du système politique[107].

Pour être efficace dans le traitement des problèmes socio-politiques que rencontrent la majorité des citoyens au quotidien, la société civile moderne se caractérise non seulement par sa pluralité, sa publicité, mais aussi par son autolimitation et sa légalité.

(a) La *pluralité* de la société civile veut dire qu'elle englobe des familles, des groupes informels et associations volontaires dont la diversité et l'autonomie admettent une certaine variété de formes de vie, tandis que (b) sa *publicité* réfère à la liberté de penser tout haut, librement, autrement dit l'usage public du raisonnement garanti par le régime de droit. Voilà pourquoi l'Etat de droit démocratique accorde une valeur accrue à la liberté de la plume, considérée comme « symbole unique de la garantie des droits du peuple ». Le principe de la publicité, en effet, comporte une double nuance polémique et signifie à la fois qu'on fait appel à la raison, ou bien qu'on la discrédite non sans quelque mépris lorsqu'on la considère comme

---

[107] *Ibid.,* p. 386-387.

une ratiocination ergoteuse. Dans ce sens, faire obstacle à la *publicité* du raisonnement, ou du moins vouloir la limiter, c'est donner prétexte à toutes sortes de sociétés sécrètes. (c) L'*autolimitation* de la société civile traduit son caractère privé, en tant que domaine réservé au développement individuel et au choix moral. Autrement dit, dans le contexte de l'espace politique libéral et des modèles de socialisation appropriés, la société civile doit savoir garder intacte la base structurelle de la sphère privée. Sinon, on assisterait à la formation des mouvements populistes qui défendent aveuglément les traditions invétérées d'un monde vécu mis en péril par la modernisation capitaliste. Ce besoin d'éveil intellectuel exige des acteurs de la société civile des connaissances précises et nécessaires pour la défense des intérêts communs[108].

(d) La *légalité* présuppose des structures de lois générales et des droits fondamentaux nécessaires pour délimiter la pluralité de la société civile[109].

Sur le plan éthico-moral, il est requis de la société civile émancipée liberté et responsabilité.

(a) *La liberté* signifie que dans leurs rapports avec le pouvoir politique, les acteurs de la société civile ne peuvent acquérir que de l'influence, mais non la décision[110]. En fait, la liberté de la société civile est un enjeu démocratique majeur, surtout dans le domaine des mass-médias qui doivent se concevoir comme les mandataires d'un public éclairé dont ils présupposent, attendent et renforcent à la fois la volonté d'apprendre et la capacité critique des citoyens. Comme la justice, les mass-médias doivent rester indépendants des acteurs politiques et sociaux ; ils doivent se charger de manière impartiale

---

[108] *Ibid.*, p. 398-399.
[109] *Ibid.*, p.395.
[110] *Ibid.*, p. 399.

des préoccupations et des suggestions du public et, à la lumière de ces thèmes et de ces contributions, contraindre le processus politique à se légitimer et à accepter une critique plus vigilante[111].

(b) *La responsabilité* de la société civile est liée à la présomption de la capacité de ses acteurs à résoudre par eux-mêmes les problèmes ordinaires de la vie sociale sans compter inconditionnellement sur le pouvoir public. Car les instruments qui, par l'intermédiaire du droit et du pouvoir administratif sont à la disposition de la politique, ont, dans les sociétés fonctionnellement différenciées, un degré d'efficacité limité et ce, d'autant plus que l'efficacité du pouvoir politique dépend aussi en bonne partie des sources extérieures de la science et de la technique, ainsi que d'autres organismes intermédiaires. Habermas l'explique davantage : « Certes, la politique continue d'être le destinataire de tous les problèmes d'intégration non résolus ; mais la régulation politique ne peut bien souvent entrer en jeu que de façon indirecte et […] doit laisser intact le mode opératoire autonome des systèmes fonctionnels et d'autres domaines fortement organisés. D'où, pour les mouvements démocratiques issus de la société civile, la nécessité de renoncer à l'aspiration à une société s'organisant elle-même dans son ensemble, aspiration sous-jacente, notamment, aux idées marxistes relatives à la révolution sociale. De façon immédiate, la société civile ne peut transformer qu'elle-même ; de façon médiate, elle est capable d'induire l'autotransformation du système politique structuré par l'État de droit. Elle influe par ailleurs sur la programmation de ce système »[112].

Concluons. Ce chapitre nous a permis de mettre en exergue le fait de l'organisation comme un phénomène sociologique universel très complexe où entrent en jeu les

---

[111] *Ibid.*, p. 406.
[112] *Ibid.*, p. 399-400.

rapports de force et les conflits d'intérêts personnels. Tel est le véritable problème de l'organisation sociale, notamment en Afrique noire postindépendance où nous avons vu que ces problèmes sont accentués par d'autres écueils psychologiques comme la réduction du pouvoir à la force, l'instrumentalisation du dialogue social et l'auto-marginalisation du peuple. Pour s'en sortir, nous estimons qu'un combat intellectuel rude s'impose avant tout dans le sens de la rationalisation des actions et des modes de vie en société. Après avoir réitéré l'appel au changement des mentalités comme dialectique de rationalisation du monde vécu des dogmes culturels, des traditions sociales obsolètes et des fausses convictions personnelles, nous avons finalement plaidé pour la rationalisation du système social dans le sens de la construction coopérative de l'Etat de droit démocratique.

Cinquième chapitre

Autodétermination et autocompréhension des acteurs sociaux

Enjeux existentiels

> « Et, si l'on ne veut pas soi-même être pris pour un moyen par les autres, il vaut mieux avoir quelque chose à échanger, c'est-à-dire un comportement rare et pertinent à proposer »[1].

De son étymologie gréco-latine, « *autos* » (*soi-même*) et « *determinatio* » (*fixation d'une limite*), le mot autodétermination signifie dans le langage juridique le droit reconnu à tous les peuples de disposer librement d'eux-mêmes, c'est-à-dire de prendre en main leur destinée sociale, en déterminant la forme de l'Etat, le mode de gouvernement, le système économique, etc. Cette approche juridique ou formelle de l'autodétermination peut être trompeuse ou illusoire si elle ne présuppose pas la question fondamentale de l'autocompréhension du peuple concerné, en tant qu'ensemble des sujets capables de parler et d'agir, autrement dit rationnels, prédisposés à répondre en toute responsabilité à la question existentielle suivante : « *Qui sommes-nous et qui voulons-nous être ?* ».

De ce point de vue, la question principale de l'autodétermination est d'ordre éthique fondamental dans ce sens qu'elle engage idéalement les acteurs sociaux à agir de façon vraie, juste et sincère, conformément à l'idée qu'ils se

---

[1] E. FRIEDBERG, *Le pouvoir et la règle. Dynamiques de l'action organisée*, Paris, Seuil, 1993, p. 256.

font d'eux-mêmes et de leur vision de l'existence qui vaut la peine d'être vécue, en lieu et place des importations, imitations et copies des modes de vie des autres.

Le premier point de ce chapitre abordera directement la question éthique fondamentale de l'autocompréhension comme une question collective ayant trait à la destinée sociale, en examinant particulièrement les incidences anthropologiques majeures sur les plans théorique et pratique : la connaissance et l'estime de soi, les valeurs de justice et de solidarité. Nous évoquerons ici l'espoir et les illusions de l'Union Africaine. Consécutivement à la première question, le second point abordera la question de la valeur inestimable de l'éducation et de la formation sans lesquelles aucune innovation ni progrès sociétal ne seraient envisageables. Le dernier point sera consacré à la question pragmatique et morale universelle de l'action concrète, en tant qu'elle promeut le travail et la pleine responsabilité dans l'Histoire de l'humanité.

5.1. *« Qui sommes-nous et qui voulons-nous être ? »*

Dans sa 4e page de couverture de la *Critique de la raison pratique*, Emmanuel Kant résumait sa vision globale de l'homme non pas simplement comme un être rationnel, mais aussi et avant tout comme un être vivant[2].

---

[2] « Deux choses remplissent le cœur d'une admiration et d'une vénération toujours nouvelles et toujours croissantes, à mesure que la réflexion s'y attache et s'y implique : *le ciel étoilé au-dessus de moi et la loi morale en moi.* Ces deux choses, je les vois devant moi, et je les rattache immédiatement à la conscience de mon existence. [...] La première vision anéantit pour ainsi dire mon importance, en tant que je suis une *créature animale*, qui doit restituer la matière dont elle fut formée à la planète, après avoir été douée de force vitale pendant un court laps de temps. La deuxième vision, au contraire, rehausse ma valeur, comme *intelligence*, par ma personnalité dans laquelle la loi morale me révèle une vie indépendante de l'animalité, et même de

Ainsi donc, se comprendre comme un être vivant ou affectif d'une part, et un être rationnel ou capable d'agir moralement d'autre part, sont les deux principales catégories anthropologiques universelles à partir desquelles nous pouvons déduire l'autocompréhension de tout être humain.

5.1.1. *De la connaissance à l'estime de soi : affectivité et rationalité*

« *Connais-toi toi-même* » nous rappelle le postulat philosophique général par lequel le sage grec, Socrate, invitait ses compatriotes à prendre conscience, par la connaissance éclairée de la raison, du bien moral qui est en eux et de s'en servir personnellement, au lieu de se laisser conduire par des préjugés et toutes sortes de doctrines élaborées d'avance, ni moins encore par des solutions abstraites aux problèmes qui se posent à soi-même et à son environnement[3].

Le principe socratique de l'autocompréhension comme préalable à l'autodétermination vaut pour tous les hommes de tous les temps et de tous les lieux. Il importe toutefois de ne pas réduire la connaissance de soi à sa dimension exclusivement rationnelle. Car, en tant qu'être vivant, ce serait contrintuitif et contreproductif de ne pas se reconnaître et s'estimer avant tout comme un être affectif.

L'affectivité, en effet, est constitutive de l'humanité de l'homme qui, pour exister, doit naître, respirer, se nourrir, grandir, se reproduire, se protéger et finalement mourir. Cette détermination affective de l'homme comme un être vivant explique sa dépendance connaturelle comme un

---

tout le monde sensible » (E. KANT, *Critique de la raison pratique* (Collection Follio/Essais), Paris, Gallimard, 1985).

[3] Cf. NGIMBI NSEKA, « Le philosophe, veilleur et éveilleur », in *La responsabilité politique du philosophe africain,* p. 85.

être des besoins dont certains naturels, inconditionnels et, d'autres, culturels, plus ou moins relatifs[4].

En fait, le concept de « besoins de la vie », en tant qu'il procède naturellement de l'affectivité, comporte une dimension pragmatique et épistémologique indéniable pour la réflexion philosophique ayant trait à la question pratique de l'autodétermination. Car les besoins de l'homme en appellent non seulement à la mise en œuvre des moyens ordonnés à leur satisfaction immédiate ou prochaine, mais aussi et en même temps à la détermination par la connaissance critique de leur sens et signification sociale, dans les limites de l'espace-temps communément partagé par les acteurs qui se reconnaissent mutuellement comme des sujets de droits et de devoirs.

Comme le dirait Habermas, en parlant de l'éthique de l'espèce humaine (Gattungsethik), les déterminations naturelles ou les affects, autrement appelés les prédispositions émotionnelles dans le langage de la neurobiologie, comme l'empathie, la sympathie, la

---

[4] Les psychologues distinguent entre les *besoins fondamentaux* et les *besoins secondaires* de l'homme. Les besoins fondamentaux sont les plus élémentaires, c'est-à-dire absolument nécessaires pour vivre, parmi lesquels les besoins physiologiques : se nourrir, se protéger et tout ce qui sert à maintenir l'organisme vivant : dormir, respirer, boire, manger, s'abriter contre les intempéries. Les *besoins primaires,* bien qu'ils soient légitimes comme les besoins fondamentaux, sont ceux dont la satisfaction n'est pas impérative ou d'une urgence « vitale ». C'est, par exemple, le besoin de l'éducation. Les *besoins secondaires* recouvrent les besoins légitimes qui permettent aux personnes de se réaliser humainement, comme le choix d'une profession, d'une activité sportive, d'une compagnie, etc. Ce type de besoin n'est pas une urgence vitale (besoin fondamental), ni une priorité nécessaire (besoin primaire), mais relève de la volonté de la personne de trouver un sens et de réaliser et/ou d'achever sa vie en conformité à sa volonté, à son projet ou à sa vocation. (Cf. « Besoins », in www.wikipedia.org/wiki/Besoin).

culpabilité, le remords, etc.[5], ne constituent pas moins la présupposition de la rationalité sociale : « Si nous ne connaissions pas l'émotion que font naître les sentiments moraux d'obligation ou de culpabilité, du reproche ou du pardon, si nous ne connaissions ni le sentiment libérateur que confère le respect moral, ni le sentiment de joie que procure l'entraide solidaire, ni le sentiment d'accablement qu'engendre le renoncement moral ; si nous ne connaissions pas enfin "l'obligeance" qui permet d'aborder des situations de conflit ou de contradiction avec un minimum de civilité, nous ne pourrions que percevoir, c'est encore ce que nous pensons, que l'univers habité par les hommes est insupportable »[6].

Quant à la rationalité par laquelle la philosophie classique a le plus présenté l'espèce humaine, elle veut dire tout simplement qu'elle constitue le niveau second de l'humanité de l'homme par laquelle il se spécifie des autres êtres vivants. Etre rationnel, c'est être capable de justifier ou de motiver les fondements de sa pensée et de son action. Et c'est justement parce qu'ils sont doués de langage articulé que les hommes font preuve de rationalité, que celle-ci soit instrumentale, symbolique ou tout simplement communicationnelle. N'est-ce pas grâce au langage que les êtres humains développent leur personnalité, leurs capacités cognitives et morales, qu'ils élaborent leurs pensées, qu'ils peuvent se nommer, se définir et se singulariser[7] ? « L'être humain ne peut construire son identité que pris dans un réseau de relations avec autrui qui sollicite l'éveil de sa conscience, l'oblige à

[5] J.P. CHANGEUX–P. RICŒUR, *Ce qui nous fait penser. La nature et la règle,* Paris, Odile-Jacob, 2000, p. 228.

[6] J. HABERMAS, *L'avenir de la nature humaine. Vers un eugénisme libéral ?*, Paris, Gallimard, 2002, p. 110.

[7] A. DUPEYRIX, *Comprendre Habermas,* Paris, Armand Colin, 2009, p. 32.

répondre de ses actes, à reconnaître le champ de sa responsabilité, à percevoir en l'autre dans un jeu de miroir perpétuel les effets qu'il produit sur lui »[8], écrit Alexandre Dupeyrix, en évoquant le caractère central du langage dans la philosophie sociale de Habermas. Nous comprenons dès lors la considération sans précédent que les philosophes des Lumières comme Descartes et Kant ont accordée à la raison : « *Cogito ergo sum :* Je pense donc je suis *»,* selon Descartes ; « *Aude sapere :* Aie le courage de te servir de ton *propre* entendement ; penser autrement »[9], selon Kant.

Ainsi donc, hormis les cas pathologiques sévères, le fait pour l'homme, en tant que sujet adulte, de se reconnaître soi-même comme les autres, en qualité d'être vivant, doué d'affect et de raison, devrait conduire moralement à l'estime de soi et à l'engagement social, notamment pour la justice et la solidarité.

5.1.2. *La justice et la solidarité*

Au principe de justice nécessaire pour la fondation en raison de l'Etat de droit démocratique s'attache celui de la solidarité comme marque d'affectivité, de générosité, de bonté. La justice concerne les normes objectives qui fondent les institutions sociales, tandis que la solidarité fonde les interactions humaines. Ayant déjà eu l'occasion d'aborder la question de la validité du principe de justice comme équité, nous pouvons maintenant nous atteler au sens de la solidarité, surtout dans la société africaine réputée, à tort ou à raison, d'être foncièrement solidaire.

D'entrée de jeu, il sied d'admettre qu'en définissant généralement l'être humain par la socialité, comme un être

---

8 *Ibid.,* p. 126.

9 E. KANT, *Vers la paix perpétuelle. Que signifie s'orienter dans la pensée ? Qu'est-ce que les Lumières ?,* Paris, Flammarion, 1991, p. 43.

social, on postule sa solidarité avec ses partenaires avec qui il partage la même humanité socialement structurée par le langage. Comme l'écrit si bien Alexandre Dupeyrix à propos de la philosophie du langage de Habermas, l'être humain n'évolue que dans le contexte d'une socialité réflexive ; il ne construit son identité que dans le tissu des relations à autrui, se stabilise dans l'assomption de sa propre responsabilité et se nourrit du sens produit conjointement dans ses interactions avec autrui[10].

A en croire les théoriciens des liens sociaux, en lien avec le sens commun, la solidarité est le propre de la nature humaine. Pour les philosophes des Lumières, elle est un acte d'humanité qui veut dire que «"l'homme est fait pour vivre en société", prolongement socialement construit par extrapolation, d'un donné naturel : la famille et les liens du sang »[11]. Pour les chercheurs en sciences de la matière et du vivant, la solidarité est la traduction anthropologique de la loi d'attraction universelle (physique) et de l'association (biologie). De ce point de vue, la société humaine peut être considérée comme un organisme – le corps social –, dont les liaisons entre les parties sont nécessaires, image qui suppose à la fois des solidarités verticales, entre les générations, et des solidarités horizontales, entre les membres de la société[12].

Dans la foulée de la sociologie d'Emile Durkheim, il y a des auteurs qui distinguent deux principaux types de solidarité : mécanique et organique. (1) La solidarité mécanique est caractéristique des sociétés traditionnelles où les individus sont peu différenciés les uns des autres, partagent les mêmes sentiments, obéissent aux mêmes

---

[10] A. DUPEYRIX, *op. cit.*, p. 57.

[11] L. VIEVARD, *Les fondements théoriques de la solidarité et leurs mécanismes contemporains,* Mars 2012, (PDF), in www.millenaire3.com, p.14.

[12] *Ibid.*, p.23.

croyances. (2) La solidarité organique caractérise les sociétés modernes dans lesquelles ce qui fait le lien social est avant tout l'interdépendance des fonctions. Plus une société compte des fonctions différenciées, plus la solidarité doit y être forte, car chacun ne concourant qu'à une partie du fonctionnement de l'ensemble est davantage tributaire des autres que dans une société où les fonctions sont peu différenciées[13].

De l'une et l'autre de cette double classification, on déduit des formes spécifiques de solidarité humaine : solidarité universaliste, solidarité nationale, solidarités corporatistes et associatives.

a) *La solidarité naturelle* renvoie généralement aux solidarités familiales qui ont longtemps été pensées sur le mode naturel, parce que le groupe à l'intérieur duquel elle s'exerce est perçu comme un donné biologique et non pas comme un donné socialement construit.

b) *La solidarité universaliste* est la forme de solidarité qui assigne à chaque individu une responsabilité face à l'ensemble du groupe humain. Elle trouve ses valeurs dans les religions universalistes ou dans l'humanisme. Si les moteurs en sont ainsi radicalement différents, elle porte les mêmes engagements d'abord missionnaires, puis humanitaires.

c) *La solidarité nationale,* socialement construite, est celle qui s'incarne dans l'action de l'Etat-providence. Une extension de cette forme de solidarité institutionnalisée pourra se trouver dans des solidarités transnationales, où par exemple, les pays européens formaliseront entre eux des solidarités au moyen de lois et de règlements, voire par une constitution et des institutions.

d) *Les solidarités corporatistes* et *associatives* comprennent, dans le premier cas, des formes de solidarités syndicales, fondées sur des associations de

---

[13] *Ibid.*

défense d'intérêts particuliers qui ont pour caractéristique de limiter leur action à un groupe circonscrit à une identité donnée (les travailleurs, les ressortissants de tels ou tels pays, etc.). Dans le second cas, on parlerait des solidarités « faibles », liées au partage de pratiques particulières comme faire de la moto, le jogging, etc., et font entrer les participants dans des communautés bien identifiées[14].

A quel type de solidarité réfère-t-on exactement lorsqu'on parle exclusivement de la solidarité africaine ? Sur le plan théorique, des philosophes et anthropologues ont eu à justifier cette notion de solidarité africaine comme donné sociologique, en remontant dans l'imaginaire collectif tel qu'il est structuré dans le langage. Dans le sillage de la philosophie analytique du langage de Wittgenstein et de Habermas, le philosophe congolais Tshiamalenga Ntumba a analysé les différents usages linguistiques du pronom personnel « nous » en lingala (une des langues nationales de la RD. Congo). Il a découvert que le « *biso* » (nous) servait en tout et pour tout à traduire l'idée de l'*être-avec,* non seulement avec les humains, mais aussi avec le reste des êtres qui forment l'humanité. De ce point de vue, l'imaginaire collectif bantou (africain) serait fondé sur le principe de la solidarité de tous les êtres. Qui plus est, le verbe être dans la plupart des langues africaines sert à exprimer à la fois l'idée de relation et de possession : on est avec son compagnon comme on est avec son chien ou encore avec sa maison. D'où son néologisme de *bisoïsme* ou *bisoïté*, voulant pour ainsi dire exprimer le fondement communicationnel de la relation dans la culture africaine. Aussi faut-il ajouter que livre du Père Jésuite Matungulu Otene, *Une spiritualité bantu de l'"Etre avec" : heurts et*

---

[14] *Ibid.,* p. 30ss

lueurs d'une communion (1991), est très instructif à ce sujet.

Il est vrai que la solidarité africaine, dite légendaire, se heurte à ses propres contradictions aujourd'hui. Les inégalités criantes, les injustices de toutes sortes, la violence et des exécutions sommaires dans les guerres idéologiquement planifiées, etc. Tout compte fait, la solidarité africaine traditionnelle, lorsqu'elle est mise à rude épreuve du capitalisme économique venu de l'Occident, manifeste le caractère fragile, émotionnel, de ses fondements théoriques. Ceux qui disent en lingala « *bozui epesi bokabwani* » (littéralement la possession des biens matériels amène la division entre amis), reconnaissent tout simplement la dimension stratégique, utilitariste, du principe éthique de solidarité, surtout dans une société injustement structurée.

Nous ne devons donc pas nous leurrer. La solidarité, au sens traditionnel, n'est pas une exception africaine. Elle a toujours servi à maintenir le lien social dans les conditions d'une société où les individus sont peu différenciés les uns des autres, partagent les mêmes sentiments, obéissent aux mêmes croyances. Etre solidaire dans ces conditions, c'est partager la même vulnérabilité viscérale de la destinée. Cela veut dire concrètement partager le même instinct naturel consistant à se protéger mutuellement de la vulnérabilité du corps soumis à la déchéance, c'est-à-dire à la fatalité de la mort. Dans ce point de vue, la solidarité naturelle est une impulsion affective destinée à sauver un tant soit peu l'autre, le familier particulièrement, de sa déchéance qui en retour entraine mon inquiétude, mon isolement, ma solitude existentielle.

La limite principale de la solidarité naturelle, c'est que malgré les bonnes intentions, l'altruisme dépend des capacités réelles des acteurs sociaux. Là où, par exemple, la pauvreté économique sévit très sévèrement, là où il n'existe pas de structures organisées de solidarité sociale, il se fait malheureusement que l'égoïsme l'emporte au détriment du partage qui cette fois-ci, à des propositions très réduites certes, continuera à s'exercer bon gré mal gré dans des cercles très réduits de parenté, d'amitié et des calculs politiques.

Le défi est de taille pour les sociétés africaines qui, d'après nous, sont appelées à moderniser les pratiques concrètes de solidarité sociale, nonobstant la spontanéité culturelle à aider l'autre qui reste encore à préserver. Pour ce faire, deux modèles symboliques de solidarité, à impact décisif, peuvent être proposés : le modèle ecclésiologique du corps et le modèle ludique de l'équipe, à l'exemple du jeu du football.

a) Le modèle ecclésiologique de la société comme corps vivant et le principe de solidarité comme sollicitude fraternelle

Saint Paul Apôtre écrit dans sa première lettre aux Corinthiens 12,12-27 : « Il y a, certes, diversité de dons spirituels mais c'est le même Esprit, diversité de ministères mais c'est le même Seigneur, diversité d'opérations mais c'est le même Dieu qui opère tout en tous. A chacun la manifestation de l'Esprit est donnée en vue du bien commun. [...]Mais tout cela, c'est l'unique et même Esprit qui l'opère, distribuant ses dons à chacun en particulier comme il l'entend. De même en effet le corps est un, tout en ayant plusieurs membres, et que tous les membres du corps, en dépit de leur pluralité, ne forment qu'un seul corps, ainsi en est-il du Christ. [...]Aussi bien le corps n'est-il pas un seul membre, mais plusieurs. Si le pied disait: " Parce que je ne suis pas la main, je ne suis pas du corps, " il n'en serait pas moins du corps pour cela. Et si l'oreille disait: " Parce que je ne suis pas œil, je ne suis pas du corps", elle n'en serait pas moins du corps pour cela. Et si l'oreille disait : " Parce que je ne suis pas l'œil, je ne suis pas du corps, elle n'en serait pas moins du corps pour cela. Si tout le corps était l'œil, où serait l'ouïe? Si tout était oreille, où serait l'odorat ? Mais, de fait, Dieu a placé les membres, et chacun d'eux dans le corps, selon qu'il l'a voulu. Si tout le corps était un seul membre, où serait le corps ? Mais de fait, il y a plusieurs membres, et cependant un seul corps. L'œil ne peut donc pas dire à la main: " Je n'ai pas besoin de toi; " ni la tête à son tour dire aux pieds: " Je n'ai pas besoin de vous. " Bien plus, les membres du corps qui sont tenus pour plus faibles sont nécessaires ; et ceux que nous tenons pour les moins honorables du corps sont ceux-là mêmes que nous entourons de plus d'honneur, et ce que nous avons d'indécent, on le traite avec le plus de décence ; ce que nous avons de décent n'en a pas besoin. Mais Dieu a disposé le corps de manière à donner davantage d'honneur à ce qui en manque, pour qu'il n'y ait point de division dans le corps, mais qu'au contraire les membres se témoignent une *mutuelle sollicitude*. Un membre souffre-t-il ? Tous les membres souffrent avec lui. Un membre est-il à l'honneur ? Tous les membres se réjouissent avec lui. Or vous êtes, vous, le corps du Christ, et membres chacun pour sa part »[15].

En fait, dès le premier siècle de notre ère, les chrétiens ont lu dans cette lettre de Saint Paul aux Corinthiens la formalisation de la cohésion de l'Eglise « une » sur l'image de l'unicité organique. On peut même trouver dans ce texte tous les fondements de la solidarité humaine à l'échelle universelle. D'abord, chaque partie étant liée aux autres, l'unité constitue le facteur de la cohésion sociale, de la stabilisation des structures établies. Ensuite, chaque partie concourant au bon fonctionnement des

---

[15] Cf. *La Bible de Jérusalem*, 2003, p. 1978-1979.

autres et réciproquement, il n'y a pas d'ensemble sans partie. D'où les principes tels que « l'unité dans la diversité » ou « l'union fait la force ».

En outre, la fondation paulinienne de la solidarité constitue les linéaments du principe de « la justice comme équité » dans ce sens que, d'une part, il reconnaît l'inégalité naturelle des parties et de leurs fonctions et d'autre part, chaque partie reçoit de l'ensemble ce qui lui est dû pour son fonctionnement. Ainsi se trouve légitimé dans la pensée chrétienne le principe d'un rééquilibrage collectif : ceux qui ont moins (ou qui sont dans un état d'indécence) devront être traités mieux que ceux qui ont plus, ces derniers n'en ayant pas besoin. C'est la règle de l'entraide fraternelle, de la charité (*caritas*) qui suppose que pour maintenir l'harmonie et la cohésion de l'ensemble, il est nécessaire de protéger les membres les plus faibles parce qu'ils sont nécessaires à l'ensemble, parce que tous sont d'égale dignité et parce que la souffrance d'un seul fait souffrir la totalité.

b) Le modèle ludique du football et la solidarité comme enjeu de l'équipe qui gagne

« Le football met aux prises deux équipes de onze joueurs sur un terrain rectangulaire de 90 à 120 mètres de long sur 45 à 90 mètres de large. […] L'objectif est de faire pénétrer un ballon sphérique de 68 à 70 cm de circonférence pour un poids de 410 à 450 grammes dans un but long de 7,32 m sur 2,44 m de hauteur. Le but est considéré marqué quand le ballon a entièrement franchi la ligne de but tracée au sol entre les deux poteaux. Le seul joueur autorisé à utiliser ses mains est le gardien de but dans sa surface de réparation. Dans cette même surface, une faute habituellement sanctionnée par un coup franc direct, l'est par un coup de pied de réparation (penalty). Ce dernier s'exécute sur un point situé à 11 mètres de la ligne de but. Outre les fautes de mains, les autres fautes concernent essentiellement les comportements antisportifs et les contacts entre les joueurs. Le tacle autorisé, mais réglementé. Un tacle par-derrière est ainsi sanctionné d'un carton rouge synonyme d'expulsion. En cas de faute moins grave, un carton jaune peut être donné par l'arbitre au joueur fautif. Si ce joueur écope d'un second carton jaune au cours d'une même partie, il est expulsé. La règle du hors-jeu force les attaquants à ne pas se contenter d'attendre des ballons derrière la défense. Pour qu'un joueur soit en jeu, il faut qu'il soit devant le dernier défenseur. L'arbitre signale avec un drapeau le hors-jeu qui se juge au départ de la balle, c'est-à-dire au moment où le passeur effectue sa passe, et pas à l'arrivée du ballon dans les pieds de l'attaquant »[16].

Mis à part les enjeux économico-financiers actuellement mirobolants du football, ce jeu d'équipe représente théoriquement un des modèles les plus intéressants de solidarité organique. Pour plusieurs raisons que nous ne saurons les évoquer toutes ici, il va sans dire que le modèle footballistique présuppose la participation active et la cohésion de tous en vue d'un but commun, à savoir la réussite ou la victoire de l'équipe. Pour y arriver, tous et chacun, conscients de former une même équipe, s'engagent non seulement à respecter les règles du jeu, mais aussi et surtout à donner le meilleur d'eux-mêmes en vue d'un but commun, dans la cohésion, l'unité, la détermination et l'honnêteté. La victoire ou la réussite de l'équipe étant l'enjeu majeur du jeu, la collaboration est absolument nécessaire.

En transférant le modèle footballistique de solidarité aux rapports sociaux, il y a lieu de retenir que le défi de la solidarité des peuples africains, au-delà des rares occasions compétitives à l'échelle continentale et

---

[16] Cf. « Le football », in www.wikipedia.com :

intercontinentale où les citoyens affichent nettement leur conscience nationale, consiste à s'armer pour remporter collectivement la victoire de la lutte contre la faim, la maladie, la paupérisation, l'analphabétisme, le tribalisme, la mal gouvernance… et tous les autres maux du sous-développement.

5.1.3. *L'Union Africaine : espoir et illusions*

Créée pour remplacer l'Organisation de l'Unité Africaine (OUA), l'Union africaine (UA) vit le jour en 2002, à Durban (Afrique du Sud), en application de la déclaration de Syrte du 9 septembre 1999[17]. Rappelons-nous que l'OUA, créée le 25 mai 1963, à l'aube des indépendances nationales, avait pour but de relever deux défis majeurs : la décolonisation totale du continent ainsi que son épanouissement économique et social[18]. En amont de cette organisation politique se situait le projet panafricain de protéger les frontières nationales héritées de la colonisation, les Unions créées pendant la période coloniale et de garder les relations avec les anciennes métropoles, autrement dit l'union des Etats africains au niveau du continent. Cette union était conçue à partir des fédérations régionales et d'institutions continentales délibérantes et exécutives communes. On recommandait enfin la création d'un marché commun africain. En outre, l'OUA se voulait de garder sa coloration anti-colonialiste

---

[17] La déclaration de Syrte est le nom donné à une résolution adoptée le 9 septembre 1999, lors d'une session extraordinaire de l'Organisation de l'unité africaine (OUA) à Syrte, en Lybie, et adoptée sous l'impulsion de Mouammar Kadhafi. Elle posait le principe de la transformation de l'OUA en Union africaine.

[18] Cf. R. N'GUETTA KOUASSI, *L'Afrique : un géant qui refuse de naître,* p. 215.

et sa dénonciation du néo-colonialisme à travers des liens de coopération avec les anciennes métropoles[19].

D'après le héros national congolais, Patrice-Emery Lumumba, dans son discours du 22 mars 1959, au séminaire international d'Abadan (Nigeria), la solidarité, la concorde et la collaboration dans la recherche du bien commun des populations africaines constituaient l'espoir et les fondements communs de l'union et de la coopération de tous les peuples africains, en lutte contre la domination extérieure et pour le développement intérieur : « En effet, l'unité africaine tant souhaitée aujourd'hui par tous ceux qui se soucient de l'avenir du continent, ne sera possible et ne pourra se réaliser que si les hommes politiques et les dirigeants de nos pays respectifs font preuve d'un esprit de solidarité, de concorde et de collaboration fraternelle dans la poursuite du bien commun de nos populations. C'est pourquoi l'union de tous les patriotes est indispensable, surtout pendant cette période de lutte et de libération. Les aspirations des Peuples colonisés et assujettis sont les mêmes ; leur sort est également le même[20].

Le contexte sociopolitique de l'OUA ayant évolué, l'Union Africaine (UA) est née dans le but d'œuvrer le plus à la promotion de la démocratie, du respect des droits de l'homme et du développement de tout le continent, tout en maintenant la coopération avec les pays les plus développés du monde. Créée donc dans le but non seulement d'apporter des solutions là où l'OUA s'est avérée inefficiente, mais aussi pour doter l'Afrique de moyens appropriés, pouvant lui permettre de se débarrasser de tous ses handicaps que nous connaissons aujourd'hui (maladie, pauvreté, misère des populations, mal gouvernance, guerres à répétition), force est de

[19] Cf. ZAHIR FARES, *Afrique et démocratie,* p. 78.

[20] P. LUMUMBA, « Africains, levons-nous », in *Des discours qui ont marqué l'Histoire, incarnés par des figures d'exception,* p. 9-10.

constater que l'UA ne réussit pas à réaliser son objectif principal lié à son identité, à savoir créer, maintenir et promouvoir l'unité des peuples africains. L'incapacité de cette structure panafricaine à prévenir les guerres, à résoudre les conflits internes et externes, à assurer la paix, etc., notamment dans les pays des Grands-Lacs, ne peut que laisser subsister des doutes sur son attachement aux valeurs traditionnelles de solidarité, de coopération et de paix.

Pour les sceptiques, il y a lieu de douter de la conviction et de la volonté de nouveaux dirigeants africains à dépasser les limites de l'OUA, sauf si, par un effort collectif de changement des mentalités lié à la bonne volonté politique, on procédait à une profonde réorganisation de ses structures et objectifs. C'est notamment l'avis de l'économiste ivoirien N'Guettia pour qui repartir à zéro pour relever les défis du développement de l'Afrique exigerait que les dirigeants de l'Union Africaine prennent en compte les solutions que leur proposent les experts nationaux et internationaux du développement. Il s'agit entre autres de définir clairement les principes généraux de l'Union, les rôles à respecter par les Etats membres, le rôle des régions et la réorganisation de la commission, le renforcement des capacités des membres et des structures de gestion, la coopération efficace à l'intérieur et entre les Etats africains eux-mêmes, d'une part, et l'entretien de bonnes relations de coopération internationale avec les autres Etats du monde et les organismes internationaux de développement, d'autre part[21].

Le défaut principal d'une approche strictement systémique ou fonctionnaliste des organisations

---

[21] Cf. R. N'GUETTA KOUASSI, *op.cit (*Chapitre VII. « L'Union africaine paralysée par l'apathie de ses organes », p. 215-241.

sociales, c'est qu'elle tombe dans les pièges du positivisme, c'est-à-dire des méthodes et solutions objectives telles qu'elles sont proposées par les experts scientifiques. De ce fait, elle oublie le caractère déficitaire et conflictuel de l'action organisée, notamment le conflit d'intérêts et du leadership. Voilà pourquoi il est important de ne pas négliger l'élément humain dans cette réflexion sur l'avenir de l'Union Africaine.

En refondant l'Union Africaine (UA) sur le potentiel humain, autrement dit sur la promotion des compétences avérées de dignes fils et filles d'Afrique, en lieu et place de l'amateurisme généralisé qui procède du copier-coller, telle l'imitation des structures formelles de l'Union Européenne (UE), on pourrait espérer à la renaissance de l'Union Africaine et de toutes les autres organisations coopératives de développement.

5.2. « *Que devons-nous savoir?* »

5.2.1. *L'éducation individuelle et collective*

Dans la mesure où l'éducation est admise comme la base du développement de l'homme et de la société, son but consiste à donner aux individus les moyens de leur autoréalisation. D'après le sociologue Emile Bongeli, l'éducation vise justement à préparer les individus, toutes tranches d'âge confondues, les jeunes en particulier, à acquérir des savoirs théoriques et pratiques pour leur vie des citoyens, utiles et pleinement responsables pour la société. Ce processus vise le développement de toutes les facultés humaines depuis la jeunesse. Pour les adultes, l'éducation continue ou permanente est importante pour raviver les acquis, les renouveler et les enrichir, surtout dans le contexte actuel des évolutions très rapides et vertigineuses, où l'homme doit constamment s'adapter à un environnement social extrêmement dynamique et mouvant, à cause de l'usage effréné et incompressible des technologies toujours renouvelées[22].

En fait, à la différence des autres espèces vivantes dont les prédispositions naturelles contiennent déjà tous les ressorts possibles de leur adaptation à la vie, les êtres humains doivent plutôt se laisser former par leurs prédécesseurs afin d'acquérir des savoirs et des comportements nécessaires leur permettant de faire constamment face à l'adversité des forces naturelles et sociales « négatives ». Et c'est par l'éducation dans tous les sens du terme que les êtres humains doivent se laisser suffisamment outiller, physiquement et mentalement : « Cela implique des connaissances spécifiques sur l'être humain, la santé satisfaisante, le bien-être, le sens d'équité, de justice et de sécurité, l'équilibre psychosomatique intime, l'état de plaisir, le sentiment de confiance en soi, de fierté de son identité, de satisfaction d'être utile à autrui et à la communauté, d'aimer et d'être aimé, d'épanouissement, de motivation, de confort... »[23].

Le sociologue congolais évoque deux formes générales et complémentaires d'éducation ouvertes au développement de l'homme et de la société : l'éducation à l'être et au savoir-être d'un côté, et de l'autre côté l'éducation au savoir et au savoir-faire.

(a) *L'éducation à l'être et au savoir-être* vise à développer toutes les capacités correspondant au type d'homme qu'on voudrait devenir. « Le savoir-être correspond à la capacité de se comporter de façon à réaliser ce rêve humain d'une vie optimale, en posant des actions susceptibles de mener à un sentiment de satisfaction de soi et de jouir de son corps et de son statut social. Il faut, pour ce faire, des connaissances appropriées

---

[22] E. BONGELI, *op. cit.*, p. 26.
[23] *Ibid.*, p. 27.

permettant à l'individu de savoir réagir aux stimuli extérieurs en rapport avec son individualité ainsi qu'à son environnement physique et social. Ces bonnes manières peuvent s'acquérir dans des domaines variés ayant trait à l'être en vue du bien-être : hygiène corporelle et environnementale, empathie, contrôle de soi, sexualité responsable, sens de responsabilité, ouverture d'esprit, respect de la personne humaine, esprit de partage, d'altruisme, de sociabilité, de négociation en cas de conflit, de don de soi...»[24].

(b) *L'éducation au savoir et au savoir-faire* vise à développer des connaissances dont l'homme aura constamment besoin pour son auto-accomplissement. Le savoir dont il est question concerne l'ensemble de « connaissances que l'homme accumule dans plusieurs domaines matériels et immatériels, relatives à la nature et à la société, à la suite des recherches empiriques ou simplement des réflexions métaphysiques qui en constituent les fondements. Ces connaissances concernent aussi bien les moyens d'y accéder (alphabet, lecture, écriture, arithmétique...) que les connaissances scientifiques, elles-mêmes codifiées dans des filières plus ou moins précises telles, notamment la chimie, la géologie, la géographie, la physique, la biologie… »[25].

L'éducation humaine constitue par ailleurs un enjeu politique majeur de telle sorte que les peuples se distinguent les uns des autres d'après les types respectifs d'éducation reçue individuellement et collectivement. En d'autres termes, l'éducation est un problème politique parce qu'il s'agit de la formation publique des citoyens, au point d'affirmer que chaque système politique produit généralement des hommes ou des citoyens qu'il veut. Autrement dit, le pari éducatif est tributaire non seulement

---

[24] *Ibid.*

[25] *Ibid.,* p. 27-28.

du contenu des enseignements dispensés, mais aussi des orientations politiques de la nation.

Prenons le cas du système éducatif congolais auquel fait allusion le professeur Emile Bongeli, sociologue et homme politique, lorsqu'il réduit en quelque sorte l'éducation à « une affaire d'Etat ». Qu'il soit dit en passant, dans un autre registre de réflexion sur la rationalité technoscientifique, le philosophe congolais Frédéric Mabasi souligne l'apport incontournable du politique, non seulement dans la définition des orientations concrètes de la formation et des moyens matériels, économiques et financiers absolument nécessaires pour la réalisation des finalités de l'enseignement des sciences et des techniques. Il cite notamment l'élaboration des politiques scientifiques volontaristes, l'apport des ressources matérielles, économiques et financières, l'efficacité des structures d'organisation et de gestion de la recherche scientifique et technologique, le développement du potentiel scientifique et technique national et le réajustement de la politique nationale[26].

Revenons au point de vue réductionniste, parce qu'exclusivement utilitariste de l'éducation, du sociologue et politicien. D'entrée de jeu, Emile Bongeli en appelle à plus de conscience professionnelle et de responsabilité dans la formation intellectuelle des jeunes dont le pays a énormément besoin pour son avenir. L'appel est particulièrement lancé à l'endroit du gouvernement afin qu'il garantisse les conditions d'un système éducatif efficace et capable de répondre aux défis du développement national, contrairement au système en vigueur, lassé par la

---

[26] Cf. F-B. MABASI-BAKABANA, *L'invention des possibles. La rationalité technoscientifique face au défi du sous-développement en Afrique subsaharienne,* Louvain-la-Neuve, Academia-L'Harmattan, 2013, p.113.

répétition du même et détruit par la corruption de la jeunesse. Faute d'initiatives et d'autres alternatives, il va de soi que les gouvernants se trouvent obligés de compter inlassablement, bien qu'avec beaucoup d'illusion, sur les financements extérieurs, les ressources naturelles, les aides sous toutes les formes, et pire encore sur les croyances religieuses importées et/ou imposées. « Quand bien même ces éléments peuvent constituer des atouts, nuance-t-il pour insister sur le bien-fondé de l'éducation, ceux-ci ne pourront booster la prospérité que dans la mesure où des intelligences avisées, parce que formées, les auront transformées en opportunités concrètes. Il est établi que des pays naturellement dépourvus de ressources, comme le Japon ou la Corée du Sud, sont devenus riches et prospères grâce aux cerveaux de leurs citoyens, tandis que des pays scandaleusement pourvus par la nature, comme la République Démocratique du Congo, vivent tout aussi scandaleusement dans la pauvreté et la misère, faute de matières grises utiles »[27].

Au final, parce qu'il fait de l'éducation une affaire exclusive d'Etat, ce professeur d'Université ne s'empêche pas d'aliéner sa connaissance scientifique au profit de l'idéologie politique qu'il défend, à savoir le programme quinquennal du président Kabila, dénommé les *5 chantiers de la République* (2006), complété par la *Révolution de la modernité* (2011). En fait, l'auteur plaide pour ce que toute la formation scientifique et universitaire du pays soit adaptée et orientée à la réalisation des projets qui sous-tendent l'idéologie politique dominante. Pour nous en convaincre, voici un extrait par lequel l'avocat des *5 chantiers* anticipe en même temps la critique de ses pairs intellectuels et professeurs : « Eviter le débat sur une question constitue la meilleure façon de l'aggraver. A titre d'illustrations, dans cette réflexion sur l'éducation, je

---

[27] E. BONGELI, *op. cit.,* p. 30.

choisis délibérément de parler de deux programmes complémentaires de gouvernement, les deux seuls qui me paraissent cohérents, qui sont d'actualité et qui ont enregistré une timide volonté politique de mise en exécution. Il s'agit des *5 chantiers de la République* pour un pays uni, fort et prospère, ainsi que de la *Révolution de la modernité* pour un Congo émergent à l'horizon 2030. A ce sujet, j'exprime mon inquiétude sur l'attitude agnostique de plusieurs instruits congolais qui rejettent un plan de développement censé en cours d'exécution, cherchent même à le tourner en dérision à travers les médias, sans savoir de quoi ils parlent »[28].

Pour étayer son plaidoyer, l'auteur s'appuie sur des exemples concrets, tirés de l'histoire des pays développés comme le Japon et les Etats-Unis d'Amérique : « II est donc établi que l'éducation ne produit des effets bénéfiques que lorsqu'elle se déroule dans le cadre d'un système éducatif conçu et monté sur mesure des défis posés dans des environnements déterminés. L'éducation vise donc des objectifs utilitaires. Or, ce qui est utile ou inutile, pour une société *x,* ne l'est pas nécessairement pour une société *y.* C'est pourquoi, la sociologie de l'éducation dans le monde renseigne qu'il existe autant de systèmes éducatifs qu'il y a de pays responsables. Le modèle du Japon est différent de celui des USA, lui-même différent du modèle russe, différent quant à lui de ceux multiples des pays occidentaux, etc. Ce sont les élites locales qui doivent, seules, concevoir et implémenter des systèmes de formation adaptés aux conditions locales, afin de produire les compétences requises pour faire face aux défis naturels et sociaux qui se dressent au sein des entités humaines historiquement et géographiquement déterminées »[29].

---

[28] *Ibid.,* p. 164-165.
[29] *Ibid.,* p. 36.

La seule remarque pertinente que nous voudrions formuler à l'encontre de l'argumentation du sociologue Bongeli, c'est qu'en parlant du système éducatif, il semble considérer tous les sujets concernés comme de simples éléments d'un ensemble d'actions politiquement déterminées. Or, tout système éducatif, dans la mesure où il a affaire à des sujets libres et autonomes, doit pouvoir compter avant tout sur la compréhension qu'ils ont d'eux-mêmes et voudraient avoir de leur destinée sociale. D'où l'intérêt de la démocratisation du système éducatif, en lieu et place de la seule détermination idéologique du pouvoir politique. On a beau défendre la validité théorique d'une idéologie politique, la question de la légitimité et de la confiance des dirigeants ne peut pas être occultée pour s'attendre pieusement à l'adhésion de tous d'autant plus que tous les citoyens ne sont pas dupes. Comment faire confiance à l'idéologie politique dominante de la nation lorsque le gouvernement qui l'incarne manifeste sa faiblesse quant à sa capacité de réaliser ses propres promesses, quand il est en grande partie auto-contradictoire ?

5.2.2. *La formation à l'esprit scientifique*

A l'heure actuelle, pour être productif, le système éducatif digne de ce nom doit être sous-tendu et animé par l'esprit scientifique, comme le recommandait l'Unesco à l'aube du troisième millénaire : « Toutes les cultures peuvent contribuer au savoir scientifique universel. Les sciences doivent être au service de l'humanité tout entière ; elles doivent contribuer à donner à tous une compréhension plus approfondie de la nature et de la société, à leur assurer une meilleure qualité de vie et à offrir aux générations présentes et futures un environnement durable et sain »[30].

Un système éducatif humaniste, nourri de l'esprit scientifique, nécessite que l'homme soit formé au sens de l'objectivité, du jugement critique et de l'anticipation rationnelle, ce qui induit l'esprit de créativité et l'innovation. Qu'on le veuille ou non, il est absolument indispensable d'acquérir l'esprit scientifique dans la dynamique de l'autodétermination. Jean-Jacques Rousseau l'avait si bien exprimé lorsqu'il saluait la grande révolution de la modernité, marquée par les progrès scientifiques : « C'est un grand et beau spectacle de voir l'homme sortir en quelque manière du néant par ses propres efforts; dissiper, par les lumières de sa raison les ténèbres dans lesquelles la nature l'avait enveloppé; s'élever au-dessus de lui-même; s'élancer par l'esprit jusque dans les régions célestes; parcourir à pas de géant, ainsi que le soleil, la vaste étendue de l'univers ; et, ce qui est encore plus grand et plus difficile, rentrer en soi pour y étudier l'homme et connaître sa nature, ses devoirs et sa fin. Toutes ces merveilles se sont renouvelées depuis peu de générations »[31].

Dans le contexte de notre réflexion sur le défi de l'autodétermination, nous n'insisterons jamais assez sur la nécessité vitale de développer en Afrique et par les Africains le savoir scientifique et technologique, quitte à considérer comme dépassée et même idéologique la controverse sur l'antériorité de la science africaine qui serait volée ou arrachée par l'Occident dominateur. C'est ce que nous pouvons lire entre les lignes de l'invitation de

---

[30] UNESCO, « *La science pour le XXIe siècle : Un nouvel engagement* » (Déclaration de l'Assemblée générale de l'Unesco tenue à Budapest, du 26 juin au 01 juillet 1999), in *www.unesco.org/science/wcs/frer.htm.*

[31] J-J. ROUSSEAU, *op. cit.*, p. 38.

Théophile Obenga, un des fervents disciples de Cheikh Anta Diop : « Le chercheur africain n'a pas le droit de faire l'économie d'une formation technique suffisante qui lui donne l'accès aux débats scientifiques les plus élevés de notre temps, où se scelle l'avenir culturel de son pays. […] En effet, on doit dire aux générations qui s'ouvrent à la recherche : armez-vous de la science jusqu'aux dents et allez arracher, sans ménagement, des mains des « usurpateurs » le bien culturel de l'Afrique dont nous avons été si longtemps frustrés »[32].

Faisant écho à « ce bien culturel », autrement dit la science africaine, Jean-Marc Ela parle entre autres des « savoirs des gens de brousse », c'est-à-dire non seulement la capacité, mais aussi la manière dont l'homme africain a su développer des savoirs et des savoir-faire, au cours de l'histoire, pour faire face aux défis de son environnement : les pratiques liées à la médecine, à l'agriculture, à l'élevage et à l'alimentation, à l'architecture, à l'industrie du fer ou du bronze, à l'art ou à la gestion des terroirs. Tout cela pour attester que les peuples d'Afrique ont une tradition scientifique et technologique qui leur a permis de s'adapter à leur environnement[33].

Ne nous abusons pas. Devons-nous considérer la science comme un héritage temporel qui serait enfoui dans les décombres du passé traditionnel africain, ou encore comme un outil stratégique qui serait arraché aux Africains par les dominateurs étrangers, de telle sorte qu'en le récupérant on ne sait comment on aboutirait facilement à la refondation et au développement des sociétés africaines ? Voilà une nouvelle idéologie assez facile pour consoler ceux qui penseraient à tort que l'Occident s'est approprié la science et la technologie

---

[32] Cf. T. OBENGA, cité par J-M ELA, *L'Afrique à l'ère du savoir: science, société et pouvoir*, 2006, p. 184.
[33] *Ibid.*, p. 167.

après l'avoir « volée » en Egypte antique, et donc en Afrique noire.

Ce débat en appelle à redéfinir le concept de science. Dans son acception moderne, en effet, la science désigne un savoir méthodique et rigoureux qui, en visant la vérité, exclut les opinions personnelles, les goûts et les spéculations de l'imagination. Selon André Lalande, la science est l'ensemble des connaissances et de recherches ayant un degré suffisant d'unité, de généralité et susceptibles d'amener les hommes qui s'y consacrent à des conclusions concordantes ne résultant ni des conventions arbitraires, ni des goûts et des intérêts individuels qui leur sont communs, mais des relations objectives que l'on découvre graduellement et que l'on confirme par des méthodes de vérification définies[34]. En un mot, la science moderne est une connaissance rationnelle, objective[35], portant sur la nature des choses ou sur leur condition d'existence[36].

Revenons aux conditions méthodologiques nécessaires pour l'acquisition de l'esprit scientifique. Nous citerons d'une part la méthode traditionnelle de la formation par l'accumulation des connaissances et l'approche moderne de la recherche et l'innovation.

a) *La méthode traditionnelle de l'accumulation des connaissances*

Traditionnellement, la formation de l'enseignement est cumulative. C'est le genre de formation qui se réduit à l'éducation. Il s'agit pour le maître de transmettre des connaissances utiles à ses initiés afin de pérenniser les

---

[34] Cf. A. LALANDE, *Vocabulaire technique et critique de la philosophie*, Paris, Quadrige-PUF, 2006, p. 953-955.

[35] A-F. CHALMERS, *Qu'est-ce que la science ? Popper, Kuhn, Feyerabend,* Paris, La découverte, 1987, p. 21.

[36] P. FOULQUIE – R. SAINT-JEAN, *Dictionnaire de la langue philosophique,* Paris, PUF, 1962, p. 657.

manières de voir et d'agir concrètes des générations en générations.

Dans le contexte de l'Afrique traditionnelle, marquée par l'oralité, outre le fait de la répétition du même et l'assimilation des individus, le principal défaut à dépasser de la formation cumulative des individus est le sectarisme qui crée des ghettos propres aux initiés. En d'autres termes, le particularisme du savoir dont la conséquence non négligeable est le statu quo. Des historiens de l'Afrique traditionnelle ont montré d'ailleurs que, contrairement aux savants grecs et à leurs disciples qui avaient pu et su détacher la science antique de son carcan magico-religieux et faire du *logos* la source essentielle de la connaissance, en fondant des écoles publiques, comme l'Académie de Platon et le Lycée d'Aristote, les prêtres conservateurs égyptiens étaient si jaloux de leur savoir qu'ils se contentaient de le transmettre simplement par la voie orale au sein des castes d'initiés[37].

Même de nos jours, force est de reconnaître que d'autres formes d'ésotérisme du savoir se sont créées et enracinées dans le système éducatif moderne. C'est le cas de certains chercheurs et enseignants bien formés à l'université, mais qui pour des raisons probablement idéologiques, tiennent à « capitaliser » leurs savoirs en les monnayant aux plus offrants. D'où la corruption universitaire. Il en est de même de l'ésotérisme des pratiques médicinales dont les guérisseurs traditionnels se prévalent sans jamais en livrer les procédés ni expliquer les conséquences et risques majeurs.

---

[37] Cf. I. MVUEZOLO MIKEMBI, « Le transfert des technologies en Afrique. Problèmes et pistes de réflexion », *art. cit.*, p. 68.

b) L'approche moderne de la recherche et l'innovation

L'approche nouvelle, moderne ou évolutive de la formation par la recherche et l'innovation représente, à n'en point douter, ce qu'il y a de très spécifique et prometteur dans l'acquisition de l'esprit scientifique. Il n'y a pas de connaissance pour connaissance. Toute connaissance étant intéressée, finalement le but de la connaissance scientifique est de savoir résoudre les problèmes qui se posent à l'homme dans son environnement naturel, culturel, sociopolitique, etc. Dans ce sens, savoir scientifiquement, c'est être capable de comprendre et de résoudre un tant soit peu des problèmes.

Karl Popper a développé avec force détails cette thèse en montrant combien la logique de la connaissance scientifique repose entièrement sur le postulat pragmatique selon lequel « toute vie est résolution des problèmes ». Car, explique-t-il, qu'il s'agisse des organismes inférieurs comme l'amibe unicellulaire quand elle essaie de se défaire d'un problème gênant, ou des organismes supérieurs, en particulier, lorsqu'ils essaient d'abord mentalement, puis testent successivement divers mouvements, jusqu'à ce que l'un résolve le problème[38].

En somme, la méthode scientifique de résolution des problèmes procède par essai et erreur. Les sciences de la nature, en l'occurrence, partent toujours des *problèmes,* « elles partent du fait que quelque chose suscite notre étonnement. Pour résoudre ces problèmes, elles usent de la même méthode que le sens commun : la méthode d'*essai et* d'*erreur*. Celle-ci consiste à échafauder des solutions à l'essai pour un problème, puis éliminer les fausses solutions en tant qu'erronées. En d'autres termes, la

---

[38] Cf. K. POPPER, *Toute vie est résolution des problèmes. Questions autour de la connaissance de la nature*, Paris, Actes Sud, 1997, p. 14.

méthode d'essai et erreur présuppose que l'on travaille avec un grand nombre de solutions à l'*essai*. On essaie et on élimine une solution après l'autre »[39].

Concrètement, au point de départ, il y a un problème ou des problèmes, considérés en termes de perturbation quelconque, soit d'attentes innées, soit d'attentes découvertes ou acquises par essai et erreur ; puis vient le moment de trouver la solution au problème, en procédant par essai et erreur ; enfin le moment libérateur, parce que décisif, sera celui de l'élimination des essais de solution infructueux[40]. Ce niveau est négatif car il s'agit d'éliminer les *erreurs*. Si l'épreuve est positive, c'est-à-dire si les conclusions singulières se révèlent acceptables, ou vérifiées, la théorie a provisoirement réussi son test : nous n'avons pas trouvé de raisons de l'écarter. Mais si la décision est négative ou, en d'autres termes, si les conclusions ont été falsifiées, cette falsification invalide également la théorie dont elle avait été logiquement déduite. Mais la décision positive ne soutient la théorie que provisoirement, car des décisions négatives peuvent toujours l'éliminer ultérieurement. Tant qu'une théorie résiste à des tests systématiques et rigoureux, on dit qu'elle a "fait ses preuves" ou qu'elle est "corroborée"[41].

Et si la connaissance scientifique procède effectivement par essai et erreur, nous devons nous garder de considérer que la science moderne procède de la remise en question systématique des acquis de la tradition, autrement dit la *tabula rasa.* L'histoire et la sociologie des sciences montrent d'ailleurs qu'une tension reste essentielle entre tradition et changement. D'après le philosophe, sociologue et historien des sciences américain Thomas Samuel Kuhn, les scientifiques sont avant tout traditionalistes avant

[39] *Ibid.,* p. 13.
[40] *Ibid.,* p. 16-17.
[41] *Ibid.,* p. 29.

d'être révolutionnaires. Car, d'ordinaire, ils sont appelés à conserver jalousement les acquis antérieurs qui constituent les bases communes de la recherche, autrement dit leur paradigme de référence, riche de concepts, théories, problèmes typiques et modes de solution appropriée qu'ils ont initialement appris afin de mieux percevoir et comprendre les nouveaux problèmes qu'ils auront à résoudre[42].

Mais lorsque malgré ces références paradigmatiques, les nouveaux problèmes ne parviennent pas à trouver des solutions adéquates, le changement ou la révolution scientifique devient une nécessité absolue, tout en gardant à l'esprit le fait que le paradigme traditionnel est suffisamment ouvert pour donner place à des recherches subséquentes. Car, d'un côté, le paradigme donne la promesse de résoudre les problèmes, et surtout d'augmenter la connaissance des faits qu'il indique comme révélateurs, en augmentant la corrélation entre ces faits et les prédictions du paradigme, en ajustant davantage le paradigme lui-même[43]. D'un autre côté, le paradigme reste ouvert au changement lorsqu'il s'avère incapable de résoudre les crises ou les énigmes qui surviennent, ce qui veut dire qu'il a cessé de fonctionner de manière satisfaisante dans son exploration d'un aspect de la nature ayant orienté antérieurement les recherches. Survient alors le moment crucial de la révolution scientifique, obligeant les partisans de l'abandonner afin d'adhérer au nouveau candidat et par conséquent à changer radicalement leur vision du monde, même si c'est chose rare dans l'histoire des sciences modernes[44].

---

[42] T-S. KUHN, *La tension essentielle. Tradition et innovation dans les sciences,* Paris, Gallimard, 1990, p. 396.

[43] IDEM, *La structure des révolutions scientifiques,* Paris, Flammarion, 1983, p. 46.

[44] *Ibid.,* p. 134-135.

Fort de la logique évolutive de la recherche scientifique, le bénéfice sociétal à en tirer du point de vue de la problématique de l'autodétermination africaine, serait de prendre conscience, individuellement et collectivement, de la valeur scientifique universelle comme source d'objectivité et d'anticipation rationnelle, de créativité et d'innovation nécessaire, bref la science est vitale en tant que savoir générateur d'esprit critique et de progrès tant individuel que sociétal. Tel est d'ailleurs le principal défi de l'intelligentsia africaine que Mgr Tshibangu Tshishiku et le professeur Nkombe Oleko ont pertinemment soulevé lors d'un colloque à Kinshasa, en récusant le dogmatisme et l'immobilisme qui sont aux antipodes de l'esprit scientifique. Pour Mgr Tshibangu Tshishiku, le développement de l'Afrique requiert que les intellectuels se démarquent sans complexe de l'idéalisme pour se sentir libres d'inventer des idées et des méthodes originales : « Ecoutant l'exposé d'un philosophe ou d'un scientifique africain, nous devons être assurés qu'il maîtrise toutes les données et les références des autorités de la matière dont il parle, mais nous devons attendre de lui l'expression de son analyse personnelle du réel, ses prises de position personnelles, de sa vision personnelle et non pas une simple démonstration pédante de l'étendue ou la profondeur d'assimilation de la pensée venue d'ailleurs. Le moment est venu d'encourager et de mettre en valeur l'aspect personnel de la recherche et de la pensée africaine. C'est la seule clé du développement d'une science africaine véritable, contribution à la science universelle »[45].

[45] T. TSHIBANGU TSHISHIKU, « Pour une science africaine ». (Propos adressés aux universitaires et scientifiques africains), in *Problèmes de méthodologies en philosophie et sciences humaines en Afrique.*(Actes de la 7ème Semaine Philosophique de Kinshasa du 24 au 30 avril 1983), Kinshasa, FCK, 1986, p.15.

De son côté, le professeur Nkombe Oleko, prévient contre le conformisme et le copier-coller des théories et pratiques inventées ailleurs : « La philosophie et les sciences humaines en Afrique, ne peuvent pas être des copies de l'Occident ou d'ailleurs, même si les méthodes sont de mêmes origines et l'objet (l'homme) universel. Tout en communiant à la même humanité et à la même rationalité, l'homme africain, la culture africaine a sa propre personnalité. Dans le dialogue sujet-objet, le savant africain ne serait qu'un vulgaire copiste sans aucune créativité et sans écoute véritable de l'être africain »[46].

5.3. *« Que devenons-nous faire ? »*

5.3.1. *Le travail*

La troisième et dernière question pragmatique, consécutive à l'autocompréhension de l'espèce humaine, vouée à produire les conditions matérielles de son bien-être, nous conduit d'entrée de jeu à cerner l'importance du travail. Car, contrairement aux autres espèces vivantes dont les moyens d'exploration et d'exploitation de la nature se trouvent déjà déterminés par la nature et la fonction de leur organisme, l'espèce humaine se doit d'inventer ses moyens de son existence par la pensée et le travail.

Le travail humain, en effet, est un moyen de libération de l'homme, surtout quand il est ordonné à produire de la richesse et assurer la liberté des acteurs sociaux. Et c'est d'ailleurs le travail qui fait la valeur des biens matériels qu'on peut avoir à sa possession. Les pays riches, c'est-à-dire les plus industrialisés, nous en donnent la plus belle

---

[46] NKOMBE OLEKO, « Editorial. Le dialogue sujet-objet ou le problème de la relativité méthodologique », in *Problèmes de méthodes en philosophie et sciences humaines en Afrique,* p. 8.

illustration, contrairement aux pays pauvres qui se contentent de se vanter sans impact de leurs richesses naturelles. Zahir Farès stigmatise d'ailleurs cette attitude éhontée de beaucoup de pays pauvres d'Afrique, lorsqu'il fait constater que « la valeur d'un bien ne vient pas seulement du besoin que l'on en a, mais de l'intelligence qui l'a produit et qui a su lui attacher une qualité qui en détermine le prix. La richesse minière du Zaïre est supérieure à celle du Japon. Mais son PNB lui est inférieur. La clé de cette richesse réside dans le capital scientifique et technique développé dans chacun des pays et qui donne leur valeur ajoutée à ces matières premières. Les vieux débats capitalisme, socialisme, colonialisme, ne tiennent pas la route devant de tels enjeux »[47].

En fait, le travail humain procède de la rationalité téléologique, autrement dit de l'action rationnelle par rapport à une fin. Selon Hannah Arendt, le travail correspond au processus biologique du corps humain, c'est-à-dire de sa croissance et de son développement. « La condition humaine du travail est la vie elle-même »[48], disait-elle, dans la mesure où l'homme travaille pour vivre. « Le travail est conçu comme l'activité matérielle par laquelle les hommes ont développé une intelligence fabricatrice et technique, et de là, l'intelligence abstraite, la pensée et la raison. C'est en subvenant à leurs besoins par le travail que les hominidés sont devenus des hommes. Pour remplir sa fonction, le travail interpose entre l'homme et la nature un monde des procédés, d'objets et des techniques par quoi l'homme se réalise pleinement comme être intelligent et n'est donc plus seulement un être de besoins. En même temps qu'il est le moyen de subvenir

[47] ZAHIR FARES, *op. cit.*, p. 107.
[48] H. ARENDT, *Condition de l'homme moderne,* Paris, Calmann-Lévy, 1961, p. 15.

à ceux-ci, le travail découvre aux hommes leur nature spirituelle et leur permet de vivre conformément à elle »[49].

Dans la tradition hégélo-marxiste, le travail comporte une dimension libératrice indéniable. Car, au-delà de sa dépendance avec les besoins (travail-besoins), dépendance illustrée dans la dialectique du maître et de l'esclave, où le travail se réduit à l'activité servile, Hegel a montré avec conviction que le travail constitue l'activité qui affranchit l'humanité de l'homme : « [...]. Le travail en revanche est désir réfréné, disparaître retenu, où il cultive. Le rapport négatif à l'ob-jet parvient à la *forme* de ce même [ob-jet], et à quelque chose *qui-demeure* ; parce que justement celui qui travaille l'ob-jet a autostance. [...] ; la conscience travaillante vient donc par là à l'intuition de l'être autostant *comme [intuition] de soi-même* »[50].

Commentant cet extrait de Hegel, Hervé Baillot affirme que « le travail fait accomplir à la conscience humaine un progrès : asservie à la nature, elle s'en libère en la travaillant et en la transformant. S'il prend sa source dans l'ordre naturel des besoins, le travail permet à l'homme d'affirmer tout ce qui dans sa réalité est au-delà de la sphère des besoins et de leur satisfaction immédiate. Le travail de l'homme sur la nature est en même temps un travail sur lui-même : l'esprit en sort gagnant. Le travail est issu de la nécessité ; mais, par la ruse de la raison ingénieuse et technique, il est devenu le moyen par lequel les hommes se sont peu à peu affranchis de la nécessité. La liberté humaine est avant tout une conquête matérielle obtenue par le travail humain »[51].

---

[49] H. BAILLOT, *Le Petit Larousse de philosophie,* Paris, Ed. Larousse, 2011, p. 157-158.

[50] G.F. HEGEL, *Phénoménologie de l'esprit I,* Paris, Gallimard, 1993, p. 199.

[51] Cf. H. BAILLOT, *op. cit.,* p. 158.

Dans ses *Manuscrits* de 1844, Karl Marx fit du travail humain une des catégories fondamentales du processus dialectique de libération de l'homme dans l'histoire. A l'en croire, le travail est ce qui différencie l'homme de l'animal parce qu'il est le seul à être producteur : « Certes, l'animal aussi produit. Il construit son nid, son habitation, tels l'abeille, le castor, la fourmi, etc. Mais il produit seulement ce dont il a immédiatement besoin pour lui et pour sa progéniture [...]: il ne produit que sous l'empire du besoin physique immédiat, tandis que l'homme produit alors même qu'il est libéré du besoin physique, et il ne produit vraiment que lorsqu'il en est libéré »[52].

Paradoxalement, l'expérience historique montre qu'il existe toujours, surtout dans les pays sous-développés d'Afrique, des formes avilissantes du travail, sous un aspect méprisant de labeur pénible et contraignant auquel on ne se soumet jamais de plein gré. Il s'agit précisément d'un genre de travail qui relèverait de ces travaux forcés auxquels on condamnait autrefois certains prisonniers, cette main-d'œuvre gratuite à qui on faisait accomplir les tâches les plus rudes et dont le travail contraint n'était pas sans rappeler celui de l'esclave[53]. « C'est le cas du prolétaire dont parle Marx ; c'est le cas du travailleur pauvre, dont le travail trop peu rémunéré n'est pas suffisant pour assurer sécurité et dignité ; c'est le cas de tous les hommes, femmes, enfants, qui sont exploités dans les manufactures du tiers-monde. Tous ceux-là ne peuvent se réaliser comme êtres humains dans leur travail ; perdant leur vie à la gagner, selon le mot de Marx, ils se nient dans leur travail. La négation est même double puisque le travail le plus dur, le plus harassant et le plus long ne laisse d'autre temps libre que

[52] *Ibid.*, p. 158-159.
[53] *Ibid.*, p. 153.

celui du repos, et ne permet que très rarement le loisir, ce temps laissé par le travail et le règne des besoins pour une libre occupation et la réalisation de ses intérêts personnels. Ils ne peuvent être eux-mêmes ni dans leur travail, ni en dehors du travail, et sont donc comme rendus étrangers à eux-mêmes, ce que Marx appelle aliénation. Devant travailler jeunes, privés d'instruction, ils ne peuvent réaliser toutes les possibilités de développement humain qui sont contenues en eux, et ne peuvent donc se réaliser dans leur travail »[54].

5.3.2. *La coopérativité et la pleine responsabilité*

Pour être libératrice, l'interaction humaine, que ce soit du point de vue de la rationalité instrumentale comme dans le cas du travail ou du point de vue de la rationalité communicationnelle par rapport au maintien de l'intersubjectivité, en appelle à la coopération réciproque des acteurs qui se reconnaissent mutuellement libres et pleinement responsables de leurs actes.

En fait, du point de vue de la théorie critique des organisations, la coopérativité, en tant que forme hautement morale d'action coordonnée entre les acteurs sociaux, s'explique dans ce sens que ces derniers, en s'entendant mutuellement pour coordonner leurs actions, poursuivent chacun des objectifs déterminés. Comme l'atteste Habermas, dans tous les cas, la structure téléologique de l'action est présupposée dans la mesure où l'on impute aux acteurs la capacité de poser des buts et d'agir en fonction d'un objectif, ainsi qu'un intérêt pour la mise en exécution de leurs plans d'action[55]. Dans ce sens, co-opérer signifie s'entendre sur les intérêts communs et bénéfiques pour chacune des parties engagées dans

---

[54] *Ibid.*, p. 156.
[55] J. HABERMAS, *Théorie de l'agir communicationnel,* T1, p. 117.

l'interaction. Une telle entente présuppose la conscience de responsabilité de tous les acteurs concernés.

Et comme l'explique nettement Paul Ricœur, le concept de responsabilité comporte dans son acception « minimale », l'idée d'imputabilité. C'est ainsi que la responsabilité se conjugue au passé parce qu'elle fait appel à la cause et à la source de l'action, engageant par le fait même la liberté du sujet, c'est-à-dire sa capacité à rendre compte, dans un double sens, de justifier l'action et d'en payer le prix en termes de dommages, de torts et de nuisances[56].

On peut aussi affirmer avec Habermas que la responsabilité éthique procède de la conscience de liberté : liberté de pensée ou liberté réflexive, liberté de jugement ou le libre arbitre ; liberté d'agir ou liberté éthique. (a) La liberté réflexive s'entend comme absence de préventions cognitives. Elle implique que le sujet empêtré dans ses contextes d'action se libère du point de vue égocentrique qui le caractérise. Cette forme de liberté s'apparente à ce que nous associons traditionnellement à l'attitude théorique. (b) La liberté du libre arbitre concerne la capacité d'agir d'une façon ou d'une autre au nom d'un choix rationnel, ou encore à interrompre la chaîne des événements pour repartir de zéro. Cette forme de liberté est proche de ce que nous appelons communément la bonne volonté. (c) La liberté éthique renvoie à la capacité qu'a le sujet de construire son identité en la projetant et en la stabilisant par ses actions intentionnellement et rationnellement posées[57].

La liberté éthique, en effet, est ce que l'existentialiste chrétien Kierkegaard assimilait à la responsabilité pleine

---

[56] Cf. P. RICŒUR, *Lecture 1. Autour du politique*, Paris, Seuil, 1991, p. 282.

[57] J. HABERMAS, *Vérité et justification*, Paris, Gallimard, 2001, p. 47.

du sujet moral, le « pouvoir-être-soi-même », c'est-à-dire la capacité de mener sa vie de manière délibérément éthique. Un tel sujet est appelé à s'émanciper de son égoïsme hédoniste, à se rassembler en soi-même, à se ressaisir afin de parvenir à la conscience de son individualité et de sa liberté. C'est ainsi qu'il doit assumer la responsabilité de ses actions et faire face à ses engagements par rapport à autrui. Sur le plan temporel, l'homme pleinement responsable est celui qui, conscient de son historicité, accomplit son existence entre les horizons simultanément limités de l'avenir et du passé. C'est alors que la personne s'identifie à elle-même, autrement dit se possède elle-même comme une tâche qui lui a été imposée, bien qu'elle soit devenue sienne parce qu'elle l'a choisie[58].

D'un point de vue relationnel, la responsabilité éthique est ouverture au bien-être d'autrui dans le monde. Selon Emmanuel Levinas, la responsabilité pour autrui est fondamentalement éthique[59] parce qu'elle est une structure essentielle, première, de la subjectivité. Si « *Je* » doit être responsable de « Tu » et d'« Il », c'est parce qu'« Autrui »

---

[58] IDEM, *L'avenir de la nature humaine. Vers un eugénisme libéral ?*, Paris, Gallimard, 2002, p.16.

[59] Le concept d'éthique est employé dans ce contexte indistinctement de la morale parce que, sur le plan étymologique, les deux mots renvoient à l'idée de mœurs. L'éthique réfère à ce qui est estimé bon, tandis que la morale à ce qui s'impose comme obligatoire. L'éthique est téléologique (héritage aristotélicien), alors que la morale est déontologique (héritage kantien). Entre les deux, les rapports sont corrélatifs. D'un côté il y a la primauté de l'éthique sur la morale, c'est-à-dire de la visée bonne sur la norme juste, mais de l'autre, il y a le primat de la morale sur l'éthique, autrement dit de la norme juste sur la visée de la vie bonne. Mais dans la pratique, la visée éthique doit pouvoir passer par le crible de la norme et la norme doit être fondée sur la visée de la vie bonne, surtout lorsque elle conduit à des impasses pratiques (cf. P. RICŒUR, *Soi-même comme un autre,* Paris Seuil, 1990, p. 200-201).

apparaît à mes yeux comme un visage qui m'interpelle et défie ma propre conscience. Ainsi l'autre doit-il bénéficier de mon attention comme « un surplus » de conscience qui m'enseigne le privilège du prochain sur mon égoïsme naturel et m'apprend que "justice bien ordonnée commence par autrui"[60].

Etre responsable pour autrui veut dire que le « moi » se trouve en quelque sorte comme pris en otage par l'autre. C'est l'otage du devoir moral, la normativité universelle du principe réciproque de responsabilité. Car, devant la présence de l'autre, tout culte du moi et tout égocentrisme doivent être suspendus pour s'inscrire devant l'interdiction de toute violence : « *Tu ne tueras point* »[61]. « *Autrui* » par rapport à qui l'interdiction de tuer s'impose absolument doit être considéré *a priori* comme un visage en face de moi et qui m'interpelle à lui faire du bien comme à moi-même. Le pauvre, la veuve, l'orphelin ou l'étranger, représentent les différents visages de l'autre, en tant qu'il interpelle le « *Moi* » et l'appelle à la solidarité.

Toutefois, selon Levinas, penser de cette façon la relation intersubjective n'est pas une manière de s'aliéner et d'être asservi par la responsabilité, mais plutôt de s'engager à promouvoir autrui tout en me sentant promu[62]. Du coup, la responsabilité pour autrui, comme dans l'idéal christique, transcende l'horizon habituel de la réciprocité, du fait qu'un effort de dépassement de soi, de son égoïsme naturel est nécessaire pour reconnaître autrui non plus comme l'égal de moi, mais comme mon supérieur envers qui j'ai le devoir de

---

[60] Cf. C. CHALIER – J. ROLLAND, « Emmanuel Levinas », in J. F. MATTEI, *Les œuvres philosophiques* (Dictionnaire), T.2, Paris, P.U.F., 1992, p. 3476.

[61] Cf. D. KESSLER, « Levinas Emmanuel », dans D. HUISMAN, *Dictionnaire des philosophes,* Paris, PUF, 1984, p. 1585.

[62] Cf. E. LEVINAS, *Totalité et infini. Essai sur l'extériorité*, La Haye, Martinus Nijhoff, 1974, p. 190.

service. « En ce sens, martèle-t-il, je suis responsable d'autrui sans attendre la réciproque, c'est son affaire. C'est précisément dans la mesure où entre autrui et moi la relation n'est pas réciproque, que je suis sujétion à autrui ; et je suis « sujet » essentiellement en ce sens. C'est moi qui supporte tout »[63]. Ngimbi Nseka renchérit : « Et l'épiphanie de l'absolument autre est visage où l'autre m'interpelle et me signifie un ordre de par sa nudité, de par son dénuement. Sa présence est une sommation de répondre, ici le moi ne prend pas seulement conscience de cette nécessité de répondre, comme s'il s'agissait d'une obligation ou d'un devoir dont il avait à décider. Il est dans la position même de part en part responsabilité ou diaconie »[64].

Par rapport au reste de l'humanité, dont le monde des choses sans lesquelles l'espèce humaine ne saurait vivre, le devoir de responsabilité a été aussi thématisé comme une norme universelle de protection de l'environnement naturel. La responsabilité s'entend dès alors comme un devoir commun de tous les hommes d'éviter le plus possible les risques de destruction de la nature, très précisément, dans le contexte de la civilisation technologique, du dérèglement des équilibres écologiques. Ordinairement tournée vers l'action passée, la question de la responsabilité se dirige vers le futur lointain de l'humanité, au-delà des conséquences prévisibles. « *Agis de façon que les effets de ton action soient compatibles avec la permanence d'une vie authentiquement humaine sur terre* », tel est le nouvel impératif catégorique de l'humanité à l'âge de la technoscience, selon Jonas. Ce qui revient à dire, en d'autres termes : « *Agis de façon que les effets de ton action*

---

[63] IDEM, *Ethique et infini. Dialogues avec Philippe Nemo*, Paris, Fayard, 1982, p. 105.

[64] NGIMBI NSEKA, *Ethique et intersubjectivité. Essai sur les fondements philosophiques de la vie en société*, Kinshasa, F.C. K, 2001, p. 66.

ne soient pas destructeurs pour la possibilité future d'une telle vie » ; ou encore : « *Ne compromets pas les conditions pour la survie de l'humanité sur terre* » ; ou encore autrement « *Inclus dans ton choix actuel l'intégrité future de l'homme comme objet secondaire de ton vouloir* »[65].

Paul Ricœur nous donne cette brève formulation de la responsabilité humaine tournée vers l'avenir : « *Agis de telle sorte qu'il existe encore une humanité après toi aussi longtemps que possible* »[66]. Il s'agit ici d'un nouvel impératif moral qui excède l'éthique de la proximité, scellée par le souci de la réciprocité. Celle-ci, à l'âge de la techno-science, est sans réciprocité assignable[67].

Au terme de ce chapitre qui s'est proposé de mettre en évidence l'idée de la compréhension authentique de soi dans le processus dialectique d'autodétermination, il résulte que cette mise en relation promeut la connaissance et l'estime de soi comme conditions du savoir et de l'action pleinement responsable. Le concept de l'action pleinement responsable se justifie surtout dans le contexte des organisations sociales où l'irréductibilité des rapports de force et des conflits d'intérêts incite chacun des acteurs sociaux à développer le potentiel de rationalité théorique et pratique qui est en lui pour ne pas se laisser manipuler ou prendre pour une chose par les autres. C'est la sagesse élémentaire que nous ne retiendrons jamais assez de la théorie systématique des organisations sociales, pris en comte ce juste énoncé d'Erhard Friedberg : « Et, si l'on ne veut pas soi-même être pris pour un moyen par les autres, il vaut mieux avoir quelque chose à échanger, c'est-à-dire un comportement rare et pertinent à proposer »[68].

---

[65] H. JONAS, *Le Principe Responsabilité. Une éthique pour la civilisation technologique*, Paris, Cerf, 1995, p. 30.

[66] P. RICŒUR, *Lecture 1. Autour du politique*, p. 282.

[67] *Ibid.*, 283.

[68] E. FRIEDBERG, *Le pouvoir et la règle,* p. 256

CONCLUSION

Etre capable d'agir de manière libre, autonome et pleinement responsable, c'est en ces termes que nous pouvons résumer le défi de l'autodétermination de l'homme, même si, à proprement parler, il n'y a d'autodétermination que partiellement déterminée par la nature des choses et la culture des sujets concernés.

En ce qui concerne particulièrement l'autodétermination des peuples africains, il y a lieu d'affirmer théoriquement qu'elle est garantie, juridiquement, par les traités internationaux qui reconnaissent la souveraineté de chaque peuple à déterminer son organisation politique. L'Afrique noire a tous les atouts pour remplir cette condition. On y rencontre des élites intellectuelles spécialisées dans tous les domaines du développement, en gestion économique et politique, des artistes, des organisations non gouvernementales, continentales et internationales, des associations nationales à tous les niveaux de la vie sociale, des défenseurs des droits de l'homme et de l'intégrité territoriale, etc.

Mais la question de l'autodétermination africaine se pose effectivement sur le plan pratique. L'expérience quotidienne nous montre que plus d'un demi-siècle d'autonomie politique, la majorité des pays africains peinent à défendre leur souveraineté populaire ou leur indépendance nationale. Sachant bien que sans *l'aide* des pays riches de l'Occident, la plupart des pays africains seraient asphyxiés, la question la plus simple qui vient vite à l'esprit consiste à savoir pourquoi l'Afrique noire n'arrive-t-elle pas à sortir du chaos dans lequel elle semble s'enfoncer depuis des décennies[1] ? Cette question pourrait encore se poser autrement en reprenant cette belle réflexion de Didier Mumengi qui se demandait à juste titre : « n'est-il pas temps que le nègre d'Afrique apporte la preuve, non plus en paroles, mais cette fois-ci en actes, qu'il n'est pas maudit, qu'il n'est pas voué à l'esclavage, qu'il n'est pas condamné à l'infériorité, à la servitude, à la misère ; en débarrassant son espace de vie de tout conflit inhibiteur, en mettant un terme définitif aux destructions massives et gratuites des vies humaines, en organisant de manière volontariste le progrès social et économique que l'on exhibera comme vibrant démenti contre cette négrophobie à laquelle nos turpitudes d'hier et d'aujourd'hui accordent l'ombre d'une certaine crédibilité ? »[2].

Telles sont en raccourci les questions ordinaires ayant motivé directement ou indirectement notre projet de réflexion critique sur le défi de l'autodétermination africaine. Nous avons essayé d'y répondre non pas en maître d'école dont la prétention de donner des réponses exactes l'emporte sur le désir d'apprendre des autres. Nous avons plutôt essayé d'intéresser directement notre lecteur et indirectement les peuples concernés d'Afrique noire à se poser avant tout la question de la compréhension qu'ils ont et veulent avoir d'eux-mêmes, en tant que sujets capables d'agir et de parler, autrement dit des êtres vivants, à la fois naturels et rationnels, doués d'affects et de connaissances. Toutefois, l'intérêt stratégique de cette réflexion a été celui de pousser les peuples africains à penser les meilleures façons possibles, et pourquoi pas les plus originales, de s'organiser collectivement ou politiquement, plutôt que de se laisser emporter par les traditions et les importations aliénantes.

---

[1] J. SOM, *Non, l'Afrique Noire n'est pas maudite*, p. 31.

[2] D. MUMENGI, cité par E. BONGELI, *Education en République Démocratique du Congo,* p. 163.

Pour réussir notre pari, nous avons démarré notre réflexion par la mise en évidence, dès le premier chapitre, des problèmes naturels et culturels qui ralentissent les élans du développement, tels les problèmes d'ordre climatique, les conflits historiques de domination aux conséquences dramatiques non négligeables, comme la traite négrière et la colonisation, la néo-colonisation et la dictature, etc. Nous avons pu apprécier au deuxième chapitre l'apport des principaux mouvements culturels et philosophico-politiques ayant contribué à l'éveil des consciences des peuples noirs d'Afrique en vue de leur libération, non seulement de la domination coloniale et néocoloniale, mais aussi et surtout de la pauvreté matérielle. D'où l'intérêt philosophique pour le concept de développement comme chemin de libération des peuples opprimés.

Or, dans la pratique, derrière la « légitimité » de la plupart des programmes économico-politiques "en faveur du développement communautaire" se dissimulent "malheureusement" des velléités égotistes et égocentriques d'auto-enrichissement de quelques groupes d'individus au détriment de la majorité de la population. Paradoxalement, le projet tout à fait louable du développement de l'Afrique noire, axé sur les politiques stratégiques d'*aide* ou de *coopération* économique, relayé par des accommodations conceptuelles hydriques, devient source des guerres et des conflits interminables. Voilà pourquoi, au troisième chapitre, nous avons osé qualifier le développement de l'Afrique comme « idéologie ».

Pour sortir de cette impasse, il nous a semblé tout à fait justifié de considérer, à partir du quatrième chapitre, l'espoir du principe d'organisation. Il faut l'entendre non pas comme une solution magique à tous les problèmes du développement, mais comme la voie rationnellement et moralement fondée de libération des actions et des interactions sociales aux prises avec les conflits d'intérêts et les rapports de force qui s'y attachent. Au niveau précritique de l'interaction sociale, le principe d'organisation relève de la rationalité communicationnelle qui induit l'obligation morale d'agir dans la *vérité,* la *justice* et la *sincérité*. La vérité dans la production des savoirs vrais, objectifs et efficaces ; la *justice* dans le rapport conforme aux normes sociales et aux institutions publiques ; la *sincérité* dans l'authenticité des intentions et des comportements des interlocuteurs, à condition toutefois que ces derniers soient raisonnablement disposés à se libérer de leurs liens traditionnels quand ils s'avèrent injustifiables, d'une part, et à coopérer à la construction de l'Etat de droit démocratique, d'autre part.

Au final, l'espoir de l'organisation serait vain et illusoire sans la prise de conscience de la responsabilité historique des acteurs sociaux. Le dernier chapitre nous a permis de développer cette intuition en établissant le lien anthropologique entre autodétermination et autocompréhension des acteurs sociaux : « *Qui sommes-nous et qui voulons-nous être ?* ». A cette première question anthropologique universelle, éthique fondamentale comme le dirait Habermas, se trouvent intimement liées les deux autres questions consécutives de l'autocompréhension humaine, relatives à la connaissance vraie et à l'agir responsable : « *Que devons-nous savoir ?* » et « *Que devons-nous faire ?* ». Lorsqu'on répond consciencieusement à ces trois principales questions fondamentales de l'autodétermination, il va sans dire qu'on découvrira l'intérêt émancipatoire qu'il y a à s'estimer soi-même, individuellement et collectivement, comme capable de savoir et d'agir dans le sens de ce qui est *vrai*, *beau* et *bien* dans la vie humaine. Et c'est dans cette direction que nous avons voulu orienter notre réflexion commune sur le défi de l'autodétermination africaine, dans l'espoir de bâtir la société africaine de demain, « politiquement sensée parce que raisonnablement et humainement organisée, où l'homme, individu et collectivité, puisse se retrouver pleinement épanoui parce qu'offrant les meilleures conditions d'une existence humaine digne et authentiquement développante »[3].

Puissions-nous comprendre, en définitive, en tant qu'Africains, que notre avenir dépend de nous-mêmes, parce que nous en sommes non seulement capables, mais aussi et certainement responsables !

---

[3] Cf. NGWEY, « Savoir et responsabilité », in *La responsabilité politique du philosophe africain.* Actes du IXe Séminaire Scientifique de Philosophie, Kinshasa, du 20 au 23 juin 1993, Kinshasa, FCK, 1996, p. 103.

Bibliographie

- « ***Africains, levons-nous*** » Discours de Patrice Lumumba, 22 mars 1959, suivi de « ***Nous préférons la liberté*** » *Discours de Sékou Touré, 25 août 1958 et de* « **Le devoir de civiliser** » *Discours de Jules Ferry, 28 juillet 1885,* in *Des discours qui ont marqué l'histoire incarnés par des figures d'exception*, Paris, Ed. Points, 2010.

- AKENDA KAPUMBA, J.C., « Identité culturelle africaine et universalisme éthique. Tâches pratiques d'une philosophie de la culture africaine », in *Philosophie africaine. Bilan et perspectives*, Kinshasa, FCK, 2002, p. 141-173.

- ARENDT, H., *Condition de l'homme moderne,* Paris, Calmann-Lévy, 1961.

- AUROUX, S., *Les notions philosophiques. Dictionnaire.* T.1, 2e édition, Paris, PUF, 1998.

- BACHIR DIAGNE, S., *L'encre des savants. Réflexions sur la philosophie en Afrique,* Paris, Présence Africaine, 2013.

- BAILLOT, H., *Le Petit Larousse de philosophie,* Paris, Ed. Larousse, 2011.

- BARRAU, A., *De la vérité dans les sciences*, Paris, Dunod, 2016.

- BONGELI, E., *Education en République Démocratique du Congo. Fabrique des cerveaux inutiles ?,* Paris, L'Harmattan/RDC, 2015.

- BONYANGA, A-D., *Emancipation et révolution biologique selon Habermas. Une réflexion sur le pouvoir du savoir scientifique,* Paris, L'Harmattan, 2015.

- BREHIER, E., *Histoire de la philosophie (*nouvelle éd « Quadrige »), Paris, PUF, 2004.

- BUBER, M., *La vie en dialogue,* Paris, Aubier-Montaigne, p. 206.

- BUBER, M., *Je et Tu* (Traduit de l'allemand par G. Bianquis. Avant-propos de Gabriel Marcel. Préface de Gaston Bachelard), Paris Aubier-Montaigne, 1980.

- BUBER, M., *La vie en dialogue,* Paris, Aubier-Montaigne, 1959.

- CHALMERS, A-F., *Qu'est-ce que la science ? Popper, Kuhn, Feyerabend,* Paris, La découverte, 1987.
- CHANGEUX, J.P., *Du vrai, du beau, du bien. Une nouvelle approche neuronale,* Paris, Odile Jacob, 2008.
- CHANGEUX, J.P. –RICŒUR, P., *Ce qui nous fait penser. La nature et la règle,* Paris, Odile-Jacob, 2000.
- CHALIER, C–ROLLAND, J., « Emmanuel Levinas », in MATTEI, J. F., *Les œuvres philosophiques* (Dictionnaire), T.2, Paris, PUF, 1992.
- CHEIKH ANTA DIOP, *Nations nègres et culture. De l'antiquité nègre égyptienne aux problèmes culturels de l'Afrique Noire d'aujourd'hui* (4e éd), Paris, Présence africaine, 1979.
- CHISHOLM, R.M., « L'agent en tant que cause », in NEUBERG, M., *Théorie de l'action. Textes majeurs de la philosophie analytique de l'action*, Liège, Ed. Mardaga, 1991, p. 225-239.
- CROSIER. M–FRIEDBERG, E., *L'acteur et le système. Les contraintes de l'action collective*, Paris, Seuil, 1977.
- DAGOGNET, F., *Le vivant*, Paris, Bordas, 1988.
- DAVIDSON, D., « Actions, raisons d'agir et causes », in NEUBERG, M., *Théorie de l'action. Textes majeurs de la philosophie analytique de l'action*, Liège, Ed. Mardaga, 1991, p. 61-78.
- DUMERY, D–MARGOLIN, J-L., « Les visions du développement des sociétés non-industrialisées : problématiques et modèles depuis l'époque du "Capital" jusqu'à la seconde guerre mondiale », in COQUERY-VIDROVITCH, C-HEMERY, D-PIELS, J., *Pour une histoire du développement. Etats, sociétés, développement*, Paris, L'Harmattan, 2007, p. 61-108.
- DUPEYRIX, A., *Comprendre Habermas,* Paris, Armand Colin, 2009.
- ELA, J-M., *L'Afrique à l'ère du savoir : science, société et pouvoir*, Paris, L'Harmattan, 2006.
- *Encyclopédie de la philosophie. Dictionnaire,* La Pochothèque, 1995.

- FELTZ, B., *La science et le vivant. Introduction à la philosophie des sciences de la vie,* Bruxelles, Ed. De Boeck Université, 2003.

- FOULQUIE. P–SAINT-JEAN, R., *Dictionnaire de la langue philosophique,* Paris, PUF, 1962.

- GADAMER, H.-G., *Vérité et méthode. Les grandes lignes d'une herméneutique philosophique*, Paris, Seuil, 1996.

- GERARD, P., *Droit et démocratie. Réflexions sur la légitimité du droit dans la société démocratique*, Bruxelles, FUSL, 1995.

- FRANKFURT, H-G., « La liberté de la volonté et la notion de personne », in M. NEUBERG, *Théorie de l'action. Textes majeurs de la philosophie analytique de l'action*, Liège, Ed. Mardaga, 1991, p. 253-269..

- FERRY, J-M., « La philosophie moderne face à la société moderne : la reconstruction habermassienne », in *Les Cahiers de philosophie : « Habermas. L'activité communicationnelle* », n°3 (1987), p. 15-33.

- FRIEDBERG, E., *Le pouvoir et la règle. Dynamiques de l'action organisée,* Paris, Seuil, 1993.

- HABERMAS, J., « Espace public et sphère publique politique. Les racines biographiques de deux thèmes de pensée », in *Esprit,* n° 417 (2015), p. 12-25.

- HABERMAS, J., *Idéalisations et communication. Agir communicationnel et usage de la raison,* Paris, Fayard, 2006.

- HABERMAS, J., *De l'éthique de la discussion.* Trad. M. Hunyadi, Paris, Flammarion, 2006.

- HABERMAS, J., *L'avenir de la nature humaine. Vers un eugénisme libéral ?,* Paris, Gallimard, 2002.

- HABERMAS, J., *Vérité et justification*, Paris, Gallimard, 2001.

- HABERMAS, J., *Droit et démocratie. Entre faits et normes,* Paris, Gallimard, 1997.

- HABERMAS, J., *La pensée postmétaphysique. Essais philosophiques.* Trad. Rainer Rochlitz, Paris, Armand Colin, 1993.

- HABERMAS, J., *Théorie de l'agir communicationnel. T1 Rationalité de l'agir et rationalisation de la société*, Paris, Fayard, PUF, 1987.

- HABERMAS, J., *Théorie de l'agir communicationnel. T.2. Pour une critique de la raison fonctionnaliste*, Paris, Fayard. 1987.

- HABERMAS, J., *L'Espace public. Archéologie de la publicité comme dimension constitutive de la société bourgeoise*, Paris, Payot, 1986.

- HEGEL, G.W.F., *Phénoménologie de l'esprit I.* Traduction et notes par Cwendoline Jarczy et Pierre-Jean Labarrière, Paris, Gallimard, 1993.

- HEGEL, G.W.F., *La raison dans l'histoire*, Paris, Collection10/18, 1979.

- HUNYADI, M., « L'idée d'une contrefactualité contextuelle, ou : comment ne pas devoir transcender tous les contextes possibles, comme le veut Habermas ? », in *Revue philosophique de Louvain*, t.107 (2009), p. 319-349.

- HUNYADI, M., *L'homme en contexte. Essai de philosophie morale,* Paris, Cerf, 2012.

- HUSSERL, E., *La crise des sciences européennes et la phénoménologie transcendantale*, Paris Gallimard, 1976.

- HONNETH, A., *La lutte pour la reconnaissance*, Paris Cerf, 2002.

- KABOU, A., *Et si l'Afrique refusait le développement ?,* Paris, L'Harmattan, 1991.

- KANT, E., *Vers la paix perpétuelle. Que signifie s'orienter dans la pensée ? Qu'est-ce que les Lumières ?*, Paris, Flammarion, 1991.

- E. KANT, *Critique de la raison pratique* (Collection Follio/Essais), Paris, Gallimard, 1985.

- KESSLER, D., « Levinas Emmanuel », dans HUISMAN, D. *Dictionnaire des philosophes,* Paris, PUF, 1984.

- KESTELOOT, L., *Anthologie négro-africaine. Histoire et textes de 1918 à nos jours* (Nouvelle édition), Vanves, Edicef, 2012.

- KOUAM, M., « Ethique et développement. Question posée à la modernité africaine », in *Philosophie africaine. Bilan et perspectives.* Actes de la XVe Semaine Philosophique de Kinshasa du 21 au 27 avril 1996, Kinshasa, FCK, 2002, p. 279-284.

- KUHN, T.-S., *La tension essentielle. Tradition et innovation dans les sciences,* Paris, Gallimard, 1990.

- KUHN, T.-S., *La structure des révolutions scientifiques,* Paris, Flammarion, 1986.

- LADRIERE, J., *Les enjeux de la rationalité. Le défi de la science et de la technologie aux cultures.* Nouvelle édition. Suivi de *Existence, éthique et rationalité*, Québec, Liber, 2001.

- LADRIERE, J., « Sciences et discours rationnel », in *Encyclopaedia universalis*, Corpus 20, Paris, Ed. E.U, 1996, p. 721-725.

- LALANDE, A., *Vocabulaire technique et critique de la philosophie*, Paris, Quadrige-PUF, 2006.

- LATOUCHE, S., « Contribution à l'histoire du concept du développement », in COQUERY-VIDROVITCH, C-HEMERY, D-PIELS, J., *Pour une histoire du développement. Etats, sociétés, développement*, Paris, L'Harmattan, 2007, p. 41-60.

- LEVINAS, E., *Ethique et infini. Dialogues avec Philippe Nemo*, Paris, Fayard, 1982.

- LEVINAS, E., *Totalité et infini. Essai sur l'extériorité*, La Haye, Martinus Nijhoff, 1974.

- LINIGER-GOUMAZ, M., *La démocrature. Dictature camouflée, démocratie truquée,* Paris, L'Harmattan, 1992.

- LODEWYCKX, H., « Philosophie africaine. Origine et perspectives, in *Revue internationale de philosophie et de théologie,* n°47, 1986.

- LOKENGO ANTSHUKA NGONGA, *Consensus politique et gestion démocratique du pouvoir en Afrique,* Louvain-la-Neuve, Academia-L'Harmattan, 2015.

- MABASI-BAKABANA, F-B., *L'invention des possibles. La rationalité technoscientifique face au défi du sous-développement en Afrique subsaharienne,* Louvain-la-Neuve, Academia-L'Harmattan, 2013.

- MAKHILY GASSAMA, « Avant-propos », *L'Afrique répond à Sarkozy. Contre le discours de Dakar,* Paris, Ed. Philippe Rey, 2008, p. 9-12.

- MAKHILY GASSAMA, « Le piège infernal », in *L'Afrique répond à Sarkozy. Contre le discours de Dakar,* Paris, Ed. Philippe Rey, 2008, p. 13-58.

- MINYEM, C., *Rationalités et problématique du développement en Afrique,* Paris, L'Harmattan, 2012.

- MISRAHI, R., « Buber Martin », in HUISMAN, D., *Dictionnaire des philosophes*, Paris, PUF, 1984.

- MOUSSA KONATE, *L'Afrique noire est-elle maudite ?* Préface d'Erik Orsenna, Paris, Fayard, 2010.

- MVUEZOLO MIKEMBI, I., « Le transfert des technologies en Afrique. Problèmes et pistes de réflexion », in *Identités culturelles africaines et nouvelles technologies*, Kinshasa, FCK, 2002, p. 65-85.

- NDUMBA, G., « Afrocentrismes et interculturalité », in *Philosophie africaine. Bilan et perspectives*, Kinshasa, FCK, 2002, p. 243-256.

- NGIMBI NSEKA, H., *Ethique et intersubjectivité. Essai sur les fondements philosophiques de la vie en société*, Kinshasa, F.C. K, 2001.

- NGIMBI NSEKA, H., « Le philosophe, veilleur et éveilleur », in *La responsabilité politique du philosophe* africain. Actes du IXe Séminaire Scientifique de Philosophie. Kinshasa, du 20 au 23 juin 1993, Kinshasa, FCK, 1996, p.85-89.

- NGIMBI NSEKA, H., « Philosophie et religion en Afrique », in *Philosophie africaine. Bilan et perspectives*, Kinshasa, FCK, 2002, p.175-190.

- NGOMA BINDA, P., « Philosophie et pouvoir politique. Essai sur de théorie inflexionnelle », in *La responsabilité politique du philosophe africain.* Actes du IXe Séminaire Scientifique de Philosophie. Kinshasa, du 20 au 23 juin 1993, Kinshasa, FCK, 1996, p. 167-176.

- NGOMA BINDA, P., *La philosophie africaine contemporaine. Analyse historico-critique,* Kinshasa, FCK, 1994.

- N'GUETTIA KOUASSI, R., *L'Afrique : un géant qui refuse de naître. La solution, c'est de tout reprendre à zéro,* préfaces de Carlos Lopes et Jean Ping, Paris, L'Harmattan, 2015, p. 13.

- NGWEY NGOND'A NDENGE,, C., « Savoir et responsabilité », in *La responsabilité politique du philosophe africain. Actes du IXe Séminaire Scientifique de Philosophie.* Kinshasa, du 20 au 23 juin 1993, Kinshasa, FCK, 1996, p. 91-103.

- NGWEY NGOND'A NDENGE, C., « Développement et culture », in *Philosophie et vie.* Actes des Premières Journées Philosophiques de Boma du 26 au 29 mai 1993, Boma, Grand Séminaire « Abbé Ngidi », 1994, p. 163-181.

- NJOH MOUELLE, E., « "Pensée" et "philosophie" », in *La philosophie africaine, hier et aujourd'hui,* Paris, L'Harmattan, 2013, p. 137-160.

- NKETO LUMBA, C., *La faim sans fin en Afrique,* Paris, L'Harmattan, 2015.

- NKOMBE OLEKO, « Editorial. Le dialogue sujet-objet ou le problème de la relativité méthodologique», in *Problèmes de méthodologies en philosophie et sciences humaines en Afrique.* (*Actes* de la 7e Semaine Philosophique de Kinshasa du 24 au 30 avril 1983), Kinshasa, FCK, 1986, p. 7-8.

- OBENGA, « Africanismes eurocentristes : source majeure des maux en Afrique », in *L'Afrique répond à Sarkozy. Contre le discours de Dakar,* Paris, Ed. Philippe Rey, 2008, p. 383-409.

- OKOLO OKONDA, « Tradition et modernité en Afrique aujourd'hui. Le point de la question », in *Philosophie africaine. Bilan et perspectives.* Actes de la XVe Semaine Philosophique de Kinshasa du 21 au 27 avril 1996, Kinshasa, FCK, 2002, p. 113-214.

- OKOLO OKONDA, *Pour une philosophie de la culture et du développement. Recherches d'herméneutique et de praxis africaines,* Kinshasa, PUZ, 1986.

- OKOLO OKONDA, « Dialogue et interaction. Recherche des conditions pour un nouvel ordre social », in *Philosophie africaine et ordre social.* Actes de la 9e semaine philosophique de Kinshasa, Kinshasa, FCK, 1985, p. 82-86.

- PAUL VI, *Populorum progression* (Encyclique), 1967.

- POPPER, K., *Toute vie est résolution des problèmes. Questions autour de la connaissance de la nature* (Recueil traduit de l'allemand par Claude Duvernay), Paris, Actes Sud, 1997.

- RAWLS, J., *Justice et démocratie,* Paris, Seuil, 1993.

- REVAULT D'ALLONNES, M., *Pourquoi nous n'aimons pas la démocratie*, Paris, Seuil, 2010.

- RICŒUR, P., *Lecture 1. Autour du politique*, Paris, Seuil, 1991.

- RICŒUR, P., *Soi-même comme un autre,* Paris Seuil, 1990.

- ROUSSEAU, J-J., *Discours sur les sciences et les arts. Discours sur l'origine et les fondements de l'inégalité.* (Chronologie et introduction par Jacques Roger), Paris, Garnier-Flammarion, 1971.

- SIMON, R., *Ethique de la responsabilité*, Paris Cerf, 1993.

- SOM, J., *L'Afrique noire n'est pas maudite ! Le Calibri, un bel exemple*, Préface d'Anne Randot, Paris, L'Harmattan, 2015.

- TAYLOR, C., *Le malaise de la modernité,* Paris, Cerf, 1994.

- TSHIBANGU TSHISHIKU, T., « Pour une science africaine ». (Propos adressés aux universitaires et scientifiques africains), in *Problèmes de méthodologies en philosophie et sciences humaines en Afrique.* (*Actes* de la 7e Semaine Philosophique de Kinshasa du 24 au 30 avril 1983), Kinshasa, FCK, 1986, p. 13-16.

- VAN PARYS, J-M., *Une approche simple de la philosophie africaine,* Kinshasa, Ed. Loyola, 1993.

- ZAHIR FARES, *Afrique et démocratie. Espoir et illusions,* Paris, L'Harmattan, 1992.

Articles sur le web

- « Afrique - Traite infra-africaine et traite arabe », in www.wikipedia.com.

- « Besoins », in www.wikipedia.org/wiki/Besoin).

- COURTOIS, G., *L'art d'être chef,* Fleurus, 1953, in www.ethicpedia.org, 2009, www.inquisition.ca/fr/livre/courtois/art chef 1.htm#P.1-9.
- PNUD, *Rapport* de 2013 sur les *Objectifs du Millénaire pour développement*, in http://mdgs.un.org/unsd/mdg/Resources/Static/Products/Progress2013/French2013.pdf
- www.afdb.org/fileadmin/uploads/afdb/Documents/Publications/Rapport_OMD_2014_11_2014.pdf.
- PNUD, *Rapport 2012 sur le développement en Afrique : Vers une croissance verte en Afrique.* Vue d'ensemble (PDF), © 2013 Groupe de la Banque africaine de développement (BAfD), in www.afdb.org
- PNUD, *Rapport national sur le développement en RDC (2008)*, in www.google.com, pdf.
- PNUD, « Rapport OMD 2012 : Évaluation des progrès accomplis en Afrique dans la réalisation des objectifs du Millénaire pour le développement 2012 », pdf.
- PNUD, *Rapport national sur le développement humain 2008. Restauration de la paix et reconstruction,* RD Congo RNDH 2008, in www.wikipedia.com).
- SARKOZY, N. « Discours de Dakar », Université de Dakar, le 26 juillet 2007, in www.wikipedia.com, in www.wikipedia.com.
- « Semi-colonisation de la Chine », in http://wikirouge.net/Semi-colonisation_de_la_Chine
- TEMPELS, P., *La philosophie bantoue,* Elisabethville, Lovania, 1945, in www.aequatoria.be/tempels/pilbant1945.htmp, (PDF), p. 6/51.
- UNESCO, « *La science pour le XXI*e *siècle : Un nouvel engagement* » (Déclaration de l'Assemblée générale de l'Unesco tenue à Budapest, du 26 juin au 01 juillet 1999), in *www.unesco.org/science/wcs/frer.htm.*
- VIEVARD, L., *Les fondements théoriques de la solidarité et leurs mécanismes contemporains,* Mars 2012, (PDF), in www.millenaire3.com

Table des matières

Préface 9
Introduction 13

Premier chapitre : L'Afrique et ses contrastes........................25
1.1. L'Afrique comme continent et ses contrastes environnementaux 26
1.2. L'Afrique comme culture et ses contrastes historiques 38
1.3. L'Afrique comme société et ses contrastes organisationnels 46

Deuxième chapitre : Les mouvements de libération................51
2.1. La conquête de l'identité négro-africaine 51
2.1.1. *La Négritude et le Panafricanisme* 51
2.1.2. *Le discours du R.P. Placide Tempels* 56
2.2. La philosophie africaine..66
2.2.1. *Le courant herméneutique* 66
2.2.2. *Le courant pragmatique* 71

Troisième chapitre : Le développement de l'Afrique comme « idéologie » 79
3.1. De l'aide au développement à l'assistanat........................80
3.2. De l'importation des modèles extérieurs au conformisme 88
3.3. Le procès de la culture africaine.......................................96

Quatrième chapitre : Le problème de l'organisation. *Interactions et fondements critiques de l'agir social* 109
4.1. Le phénomène de l'organisation sociale........................110
4.1.1. *L'organisation comme système complexe*..................110
4.1.2. *Le conflit d'intérêts et le rapport de force* 119

4.2. La crise des organisations en Afrique hier et aujourd'hui 125
4.2.1. *La réduction du pouvoir à la force* 125
4.2.2. *L'instrumentalisation du dialogue comme palabre* ... 134
4.2.3. *L'auto-marginalisation du peuple* 148
4.3. Plaidoyer pour la rationalisation des actions et des modes de vie en société 151
4.3.1. *Les fondements rationnels de l'agir humain* 151
4.3.2. *La rationalisation du monde vécu et la révolution mentale* 152
4.3.3. *La rationalisation du système social et l'Etat de droit démocratique* 155

Cinquième chapitre : Autodétermination et autocompréhension des acteurs sociaux. *Enjeux existentiels* 175
5.1. « Qui sommes-nous et qui voulons-nous être ? » 176
5.1.1. *De la connaissance à l'estime de soi : affectivité et rationalité* 177
5.1.2. *La justice et la solidarité* 180
5.1.3. *L'Union Africaine : espoir et illusions* 189
5.2. « Que devons-nous savoir? » 192
5.2.1. *L'éducation individuelle et collective* 192
5.2.2. *La formation à l'esprit scientifique* 198
5.3. « Que devenons-nous faire ? » 207
5.3.1. *Le travail* 207
5.3.2. *La coopérativité et la pleine responsabilité* 211

Conclusion 217
Bibliographie 223

L'Afrique

aux éditions L'Harmattan

Dernières parutions

LA PSYCHOLOGIE POLITIQUE DES DIRIGEANTS AFRICAINS
Mandunda Mukamba Roger
Cet ouvrage porte sur la psychologie politique des dirigeants des États africains, singulièrement sur le mode d'accès au pouvoir, sa conservation et sa fin. Le dilemme est d'une part l'emprise des traditions africaines quant à la gestion du pouvoir et d'autre part les exigences de la modernité marquées par les questions de démocratie, des droits de l'homme, de changement climatique... Peut-on transplanter à l'identique des institutions et des structures occidentales sans tenir compte de nos réalités singulières ?
(Harmattan RDC, 20.00 euros, 190 p.)
ISBN : 978-2-343-10360-0, ISBN EBOOK : 978-2-14-002329-3

AU NOM DE LA POLITIQUE
Essai
Abo Fodjo Kadjo
« En politique, la fin justifie les moyens. » Pour le politicien, les barrières légales, morales et éthiques qui encadrent toute activité humaine n'existent que pour les autres. Par la force des choses, la politique, qui a pour finalité le bien-être social, est devenue un fléau. C'est à cette réalité que l'auteur a consacré les réflexions consignées dans cet ouvrage. Il organise son essai autour de quinze thématiques correspondant aux moyens funestes les plus couramment employés dans l'exercice de l'activité politique.
(Harmattan Côte-d'Ivoire, 25.00 euros, 248 p.)
ISBN : 978-2-343-10271-9, ISBN EBOOK : 978-2-14-002315-6

CONSCIENCE HISTORIQUE ET DEVENIR DES ÉTATS AFRICAINS
Une lecture critique et prospective de la conception hégélienne de l'État et de l'histoire appliquée à la situation politique africaine
Matsitsa Kiangata Justelle - Préface de Gilbert Gérard
Comment et en quoi la réflexion sur la théorie de l'Histoire et de l'État de Hegel peut-elle éclairer les peuples africains et leurs États, aujourd'hui plongés dans une crise profonde ? Cet ouvrage aborde de manière systématique et critique la pensée hégélienne de l'histoire et de l'État en y faisant ressortir les enseignements qui peuvent aider les peuples africains et leurs États à la réinvention de leur conscience historique et à la construction d'une destinée libératrice.
(Coll. Études africaines, 37.00 euros, 356 p.)
ISBN : 978-2-343-10131-6, ISBN EBOOK : 978-2-14-002313-2

POUR UNE AFRIQUE ÉMERGENTE
Une culture tournée vers l'avenir – Hommage au professeur Maurice Tadadjeu
Assoumou Jules, Mba Gabriel, Ndibnu-Messina Ethe Julia
Langues, arts et civilisations font partie du patrimoine de l'homme et participent à lui ouvrir les portes du développement. Le devenir des peuples réside dans la prise en compte de la richesse que constituent leurs langues, leurs traditions et leurs littératures, véritables réceptacles au travers desquels transparaissent des arts d'être, de vivre et de faire, qui contribuent à l'implémentation d'un développement durable et viable. Comment imaginer une Afrique émergente sans sa racine pivot, la culture, sous-bassement de toute forme d'industrie ?
(Harmattan Cameroun, 37.50 euros, 376 p.)
ISBN : 978-2-343-09214-0, ISBN EBOOK : 978-2-14-002328-6

POUR L'UNITÉ, LE DÉVELOPPEMENT ET LA PAIX EN AFRIQUE
Madopo Yahuma Nzondomyo Monulphe Marie Nerée
Communauté Africaine de Soutien à l'Union Africaine (CASUA)
Préface de Claude Bernard Augé Bongo
L'auteur, à travers les dix-sept chapitres précédés d'un poème, démontre son plus grand souci de l'unité du continent africain, de sa paix, de sa sécurité et de son intégration régionale et sous-régionale. L'ouvrage aborde la problématique du développement économique de l'Afrique et la crise de leadership comme handicap primordial de son développement.
(Harmattan Congo-Brazzaville, 13.00 euros, 110 p.)
ISBN : 978-2-343-09848-7, ISBN EBOOK : 978-2-14-002217-3

GUIDE PRATIQUE DE LA FAMILLE MUSULMANE
Assurer l'harmonie du couple
Diabaté Touré Ténin
Si toutes les communautés musulmanes avaient strictement appliqué les lois coraniques, il n'y aurait jamais eu de problèmes dans la vie d'un couple. Ce guide permettra de mieux connaître l'Islam et contribuera à son modeste niveau à participer à l'éducation spirituelle et morale des couples pour que ces derniers vivent leur vie religieuses en parfaite harmonie.
(Harmattan Côte-d'Ivoire, 13.00 euros, 110 p.)
ISBN : 978-2-343-10324-2, ISBN EBOOK : 978-2-14-002173-2

EN AFRIQUE, LE TEMPS SE CONTE
Lecomte Nelly
Lire ses contes, c'est pénétrer dans le cœur d'un peuple. Le conte négro-africain a traversé des siècles. Comme genre littéraire traditionnel, issu de l'oralité, il se fait le reflet de la société africaine authentique, mais n'a pas échappé tout à fait à l'occidentalisation. Ce sont là des raisons parmi d'autres qui expliquent la multiplicité des temporalités dans le tissu narratif. Fidèle à cette notion d'ethno-littérature, l'auteure de ce livre continue à chercher dans le discours littéraire un terrain ethnologique.
(Coll. Cultures africaines, 12.00 euros, 96 p.)
ISBN : 978-2-343-10195-8, ISBN EBOOK : 978-2-14-002256-2

PORTRAITS D'ÉCRIVAINS
Visages d'histoire littéraire
Ngandu Nkashama Pius
Les portraits retracés dans cet ouvrage sont ceux d'écrivains connus, appréciés et rencontrés au hasard de colloques, rencontres et autres séminaires. L'auteur en esquisse les portraits, en fonction des photographies prises, sans céder aux stéréotypes des analyses littéraires classiques. Aucune sélection n'a été faite sur les publications de ses auteurs. (Multiples photos en couleur.)
(36.00 euros, 436 p., Illustré en couleur)
ISBN : 978-2-343-09598-1, ISBN EBOOK : 978-2-14-002219-7

PROVERBES SUR LE VIF
Recueil de proverbes africains
Touré Bonota
La richesse du parler africain exprimée au travers des proverbes n'est plus à démontrer. Signes à la fois de sagesse et de finesse d'esprit, ces derniers émaillent les échanges de propos tant dans la vie courante que dans les circonstances les plus solennelles. Les proverbes étant censés puiser leur origine dans des faits réels ou imaginaires du quotidien, l'auteur a placé chacun dans son contexte, ce qui leur donne plus de vie.
(Harmattan Mali, 18.00 euros, 168 p.)
ISBN : 978-2-343-10073-9, ISBN EBOOK : 978-2-14-002193-0

MALADIES PARANORMALES ET RATIONALITÉS
Contribution à l'épistémologie de la santé
Kenmogne Emile - Préface de Dominique Folscheid
Ce livre est une contribution à la critique et à l'évolution des concepts de santé, maladie, guérison, etc. Il élargit l'idée de rationalité dans ces domaines et montre méthodiquement la nécessité d'admettre l'existence des pathologies spécifiques que l'auteur nomme «maladies paranormales», relevant d'une science à élaborer : la spiritologie.
(Harmattan Cameroun, 17.50 euros, 158 p.)
ISBN : 978-2-343-10163-7, ISBN EBOOK : 978-2-14-002187-9

FAMILLE ET POLITIQUE EN AFRIQUE
Entre le meilleur et le pire
Sané Ibou, Angoula Jean-Claude
Préface de Boubacar Ly
Depuis plusieurs décennies, certains États d'Afrique ne connaissent que des dirigeants issus d'une même famille biologique. Enjeu essentiel du développement des pays au sud du Sahara, le pouvoir politique peut être désormais interprété selon les successions dynastiques et le phénomène des cénacles familiaux. Cette étude ne se limite pas seulement aux frontières de l'Afrique. Elle porte sur les réformes pour pacifier les relations sociales et éviter la disparition de nombreuses familles pauvres au profit de quelques familles riches.
(Coll. Études africaines, 25.00 euros, 236 p.)
ISBN : 978-2-343-09330-7, ISBN EBOOK : 978-2-14-001615-8

LE DÉVELOPPEMENT INTÉGRÉ DE L'AFRIQUE PAR LES BASSINS FLUVIAUX
Cas des bassins du Congo et du Nil
Lukunda Vakala-Mfumu Richard - Préface de Benjamin Mulamba Mbuyi
La mise en valeur rationnelle d'importants cours d'eau dont dispose l'Afrique pourrait permettre à ce continent, à travers la diversification des usages de l'eau et la coopération internationale, d'accéder à une intégration socio-économique. Pour ce faire, les bassins des fleuves Nil et Congo devraient être mis à contribution pour la réalisation de cet objectif : une Union panafricaine des bassins fluviaux.
(Coll. Notes de cours, 29.00 euros, 270 p.)
ISBN : 978-2-343-09477-9, ISBN EBOOK : 978-2-14-001397-3

DÉBAT THÉOLOGIQUE ET RELIGIEUX
Cahiers de l'IREA IV
Ce numéro consacré au débat théologique et religieux rassemble plusieurs articles : anthropologie religieuse de l'expérience populaire ; l'impact du Concile Vatican II sur les développements de l'ecclésiologie et la communication de la foi en Afrique ; l'en-soi et le pour-nous de l'évènement résurrectionnel, les messages prophétiques entre effervescence religieuse et manipulation politique en Côte-d'Ivoire ; l'endogamie dans les Églises du réveil ; Boko Haram et crise sécuritaire au Nigeria et au Cameroun ; Crise identitaire et fanatisme religieux au Cameroun.
(Coll. Cahiers de l'IREA, 22.50 euros, 218 p.)
ISBN : 978-2-343-09752-7, ISBN EBOOK : 978-2-14-001567-0

DÉMOCRATISATION ET RELIGION EN AFRIQUE NOIRE
L'émergence de la gouvernance de ré-enchantement
Zognong Dieudonné
L'effervescence religieuse actuelle du continent sous-développé donne plus à penser qu'à prier. Car ce ré-enchantement du monde repose plutôt sur l'exégèse théologico-politique, dont on sait le bilan historique, inquiétant et belliqueux. D'où le présent essai de décryptage philosophique de la flambée du « désir de Dieu » dans l'Afrique afro-pentecôtiste. Apportant la philosophie de la piété aux études africaines, ce livre inaugure par ailleurs un nouveau champ, la sociologie africaine des spiritualités hermétistes.
(20.00 euros, 188 p.)
ISBN : 978-2-343-06619-6, ISBN EBOOK : 978-2-14-001416-1

L'HARMATTAN ITALIA
Via Degli Artisti 15; 10124 Torino
harmattan.italia@gmail.com

L'HARMATTAN HONGRIE
Könyvesbolt ; Kossuth L. u. 14-16
1053 Budapest

L'HARMATTAN KINSHASA
185, avenue Nyangwe
Commune de Lingwala
Kinshasa, R.D. Congo
(00243) 998697603 ou (00243) 999229662

L'HARMATTAN CONGO
67, av. E. P. Lumumba
Bât. – Congo Pharmacie (Bib. Nat.)
BP2874 Brazzaville
harmattan.congo@yahoo.fr

L'HARMATTAN GUINÉE
Almamya Rue KA 028, en face
du restaurant Le Cèdre
OKB agency BP 3470 Conakry
(00224) 657 20 85 08 / 664 28 91 96
harmattanguinee@yahoo.fr

L'HARMATTAN MALI
Rue 73, Porte 536, Niamakoro,
Cité Unicef, Bamako
Tél. 00 (223) 20205724 / +(223) 76378082
poudiougopaul@yahoo.fr
pp.harmattan@gmail.com

L'HARMATTAN CAMEROUN
TSINGA/FECAFOOT
BP 11486 Yaoundé
699198028/675441949
harmattancam@yahoo.com

L'HARMATTAN CÔTE D'IVOIRE
Résidence Karl / cité des arts
Abidjan-Cocody 03 BP 1588 Abidjan 03
(00225) 05 77 87 31
etien_nda@yahoo.fr

L'HARMATTAN BURKINA
Penou Achille Some
Ouagadougou
(+226) 70 26 88 27

L'HARMATTAN SÉNÉGAL
10 VDN en face Mermoz, après le pont de Fann
BP 45034 Dakar Fann
33 825 98 58 / 33 860 9858
senharmattan@gmail.com / senlibraire@gmail.com
www.harmattansenegal.com

Achevé d'imprimer par Corlet Numérique - 14110 Condé-sur-Noireau
N° d'Imprimeur : 136726 - Dépôt légal : mars 2017 - *Imprimé en France*